心態決定狀態

活出美好人生的六十堂課

弱魚先生 著

自序・只要我們的心能，就萬事皆能

人總要經歷些什麼，才能從中學習到經驗，好的經驗可以為人生創造出穩妥的狀態，壞的經驗則會製造出顚簸的狀態；然後，那個被我們習以為常的狀態就會反過來影響我們的心態，形塑我們的人格，決定我們的前途與命運。

生而為人，我們的一生，很難一直都是一帆風順的狀態，但這並沒有不好，只要不被狂風巨浪淹沒，一切的磨難終將使我們變強，那是一個從低谷攀爬至高峰的過程，比起一帆風順，人生其實過得更精采。這其中的關鍵即是——好心態生出好狀態；好心態改變壞狀態；心態的好壞，決定了人生所有一切狀態的好壞。

「態」這個字是上「能」下「心」，也就是所有好或不好的可能都來自於心，只要我們的心認為可能，那就萬事皆能；反之，只要我們的心認為不可能，那就萬事皆不能。能與不能的先決條件，不是資源掌握的足不足夠、高不高級，是心的意念正不正確、堅不堅定。

曾經有一隻生活在鹹水湖中的小魚，品種低等，家世淸寒，從小就籠罩在父母親不斷爭吵、分分合合的陰影之中。卽便當時牠還年幼，仍須肩負起照顧弟妹的責任。所以，牠很孤單、無法和同伴玩耍；牠很憂鬱，一直在心裡自問著「我爲什麼是我」的蠢問題。

長大以前，牠只知道每天傻傻地過，雖然偶爾也會羨慕起其他的魚有好東西吃，有好禮物拿，還可以和家人到處去旅遊，但牠心裡明白，恐怕一輩子都不可能擁有這些了，漸漸也就不再妄想了。

長大以後，由於沒有雄厚勢力可以倚靠，欠缺物質條件可供利用，就只能仗著凡事都想做到最好的心態去學習。只不過，把事情做得太好反倒遭人嫉妒，加上不知從哪裡來的一股傲氣，厭惡逢迎拍馬，總以爲憑實力比靠關係更重要，導致每待過一個地方，最後都是不歡而散，心灰意冷的斷然尋去。因爲，永遠都是被借重有分、被責付有分、被中傷有分、被毀謗有分，但遇到有機會被拔擢，且放眼沒有更適合的人選比牠更勝任時，依舊沒分。

父母婚姻的不美滿和工作仕途的不順利，讓牠將生活重心全部移轉至經營家庭的幸福上，可越是害怕的事情越會發生，而且，患難總在落難時接踵而至；因著誤入別人早已設計好的圈套，付出了財產一夕歸零、苦忍被誤解並與妻兒分離多年的慘痛代價。

如今，牠在鹹水湖中自在悠游，不求移居至大海爭取廣闊的翻身空間，只想早晚浮出水面，欣賞湖光山色，仰望日月星辰，享受著和家人相守在一起的簡樸生活。也就在經過了這許多年的風風雨雨之後，牠豁然了，牠更珍惜、更感恩、更知足、也更有智慧了，若不是這一段又一段令人錐心刺骨的經歷，又怎能磨練得出現時這般超越平凡的心性。

我喜歡這隻魚，感覺牠在面對逆境時，總能不停地散發出弱中透強的骨氣。期許我們每一個人皆能和牠一樣，從無畏於生命的風暴當中，活出美好的人生。

在此要特別感謝有緣閱讀《心態決定狀態：活出美好人生的六十堂課》這本書的您，如果可以藉著我的弱，讓您從此變強，弱魚的此生也就不枉費了。

目錄

不要在一眼即逝的火花中尋找眞愛

當過兵的男人都知道，數算饅頭的日子是難熬的；關押在監獄的犯人也知道，每在日曆卡上撕掉一個日期，都覺得像是過了一年那麼久；他們總是牢牢記著經過了多少等待的歲月，盼望自由之日趕快到來。愛人的相處時光，則總是匆匆流逝，有誰會去紀錄往昔與摯愛共度了多少分秒呢？會想要把握的，應該是未來還能有多少個執手偕老的日子。

晚餐後，太太對先生說：「你知道嗎！我下午去聽了一場演講，那位演講者說他和他太太從認識到此時此刻，一共經過了3359天又13小時27分鐘46秒，而且還會繼續延長下去，直到眼睛永遠閉上的那一刻。我聽了好感動，覺得好浪漫喔！我問你，你記得我們在一起有多久了嗎？如果你不能在十秒鐘內回答出來，表示你根本就不在乎我！」

先生露出爲難的表情，一把摟住太太的腰，說：「坦白講，我回答不出來。自從我與妳共結連理的那一天起，我就已經不去想發生在以前的那些愛情火花了，我在乎的是，我還能擁有多少個與妳一起共度的日子，因爲，我好害怕會失去妳。妳能回答我這個問題嗎？」

究竟是基於怎樣的心態，會想要將彼此廝守一生的誓約，用計算至分秒的時間統計來呈現？爲什麼不把數算過去的光陰，放在把握未來的歲月上呢？莫非是那個相處的狀態，其實是令人分秒難熬的！又或者是自我調侃，原來我可以忍耐那麼久，且會一直隱忍下去！

外在的狀態是會變的，不可能從開始到結束都維持不變，從來就沒有哪一種火花能將驚喜永遠停留在最燦爛的那一刻。

當你愛一個人，對方拿到你送的第一束玫瑰花的時候，那個心情的悸動一定是最興奮的，但隨著熟悉度的增加，即便每天都送一束玫瑰花，興奮的情緒反而愈來愈平淡了。於是，我們不會從頭至尾採取同一種形式來表達自己的愛意，儘管我們以爲自己的心態沒變，認爲對方應該相信與理解，可因爲我們再也無法創造出跟當初一模一樣的浪漫狀態，才使得愛情變得陌生與無感。

走入愛情，我們是多麼地渴望彼此能從「愛人」的關係變成「家人」的關係，但眞的成爲家人以後，我們又希望找回愛人的感覺；好比，妳不會因爲下班回家看見老公爲妳準備了一頓熱騰騰的晚餐而心生感動，卻會因爲男同事特別爲妳買了一杯咖啡放在辦公桌上而心花怒放。

到底是愛情在狀態中變了樣？還是在心態中變了質？每個當事人都有他自己的解讀，這正是婚姻爲什麼很快就步入墳墓的原因。關鍵卽是，我們太重視享受外在的表相氛圍，忽略了時時檢視內在的那一顆初心。

有時，不要以爲既然是家人就該包容你（妳）的脾氣和你（妳）的理由，是因爲你（妳）把悸動的心留在外面，再無餘力對家庭表現出愛的態度，才會讓原本深厚的感情產生裂痕。

一段可以天長地久的愛情，絕不只有片面數算過去的浪漫火花就能成立；從起初到末了，從執手到偕老，可以在每一個變動的狀態中，保有不變的愛的心態，那才算是眞愛。當然，同住在一個屋簷下生活，假面具卸除，缺點毫無遮掩，若再加上其他成員的刺激，使彼此間的磨合存在著許多的意料之外，勢必會讓想像或期待中的浪漫狀態受到影響，除非發生了什麼不可原諒或無可挽回的錯誤，爲了我們自己好，切記謹守一個原則——不要因爲外在的狀態變冷，讓自己的心也變冷，最後任由溫暖的家變成冰庫。

營造浪漫不是單方面的責任，如果你心中追求的是永恆的彼此倚靠，就不該在乎那已經淡去的感覺，也就不會被外來一時擦出的火花給迷惑。否則，你的情愛狀態，就會是一直處在由熱變冷的反覆循環中，永遠也尋不著安定的歸宿。

「愛情」沒有任何固定的付出或接收模式，只要心中有愛，願意本於初衷，自然就能在一切的狀態中，哪怕只是無聲的陪伴，也能感受到浪漫。因爲，那個感動與否的抉擇，全在你的一念之間。

不要讓人生變成一場瞎忙

工作的目的，主要是爲了獲取報酬，是希望從物質上得到滿足，讓我們可以過著更好的生活。但往往事與願違，付出的時間、心血和勞力，總是無法和收益形成正比，明明很忙，就是賺不到錢，問題究竟出在哪裡？

有一名在房屋仲介公司上班的業務員，工作十分賣力，每天早出晚歸，連假日都在拜訪客戶，勤奮的態度與不辭辛苦的精神，無人可比，但其業績卻是差到離譜，常常大半年也成交不了一件案子。

他的經濟狀況漸漸吃緊，不禁令家人懷疑，成天在外工作十幾個小時，東奔西跑，天曉得他都在忙些什麼？

他把銀行帳戶裡僅餘不多的存款全數提領出來，去上了幾堂與專業無關的潛能開發課程，按照講師提供的方法，一方面抄寫佛經迴向給已經鎖定的未來客戶，一方面運用「想像力」連結自己和客戶之間的「能量場」，以爲不出一個月就會有好消息，孰料，晃眼半年過去，依舊毫無起色。

他左思右想，覺得原因是出在自己不適合賣房子，決定將工作換成賣車子，這下子應該可以賺到錢了吧！等實際去做，才發現所有的老問題還是一樣。他灰心喪志的將雙手插進長褲兩邊空空如也的口袋裡，一個人靜靜地走在河堤邊，對自己未來的前途感到一片茫然。

同樣是賣東西，不管是賣房子還是賣車子，懂得怎麼賣的人，再不好的東西也能賣掉；不懂怎麼賣的人，再好的東西也沒人要跟你買；這跟賣什麼東西無關，如果換工作不換腦袋，還是採用之前造成失敗的同一種作法，瞎忙的後果，窮困的結果，永遠也不會改變。

當你發現自己瞎忙了一天，昨天也是，往前一個月都是，那你還繼續照著老樣子一直忙下去，又窮又累就註定是你這輩子的命運了。不是你不夠努力，而是你努力的方法不對，方法不對，只有白白浪費時間，徒耗精力，任你再怎麼勤奮也賺不到相對的報酬。

先想想，你想從客戶身上得到什麼？是錢。但他爲什麼要把錢給你？是因爲你有急迫的需要？別傻了！他之所以會把錢給你，是因爲你滿足了他的需要，你懂得這個道理嗎？

拿如何賣房子來說，一般的業務員總是催促想買房的客戶快點簽約，告訴對方再不下訂，就會被別人買走。「買走就買走，反正那房子也不符合我的條件。」買方設定的條件是什麼？如果你完全不關心，一心只想賺他的錢，保證你賺不到，十間房給你賣，頂多矇到一兩個傻瓜就算不錯了。

超級業務員則不同，他會事先了解客戶的需求，羅列出相關符合條件的物件，然後逐件分析優劣並作成文圖並茂的資料供其參考，處處站在客戶的立場著想，好像是自己在買房子一樣的龜毛，務必要挑到最好的，即便找不到最好，也要是比較好的。十間房子給他賣，除了一兩個來亂的心酸客之外，賣不掉才奇怪。這還只是開始而已，這些看似已經不會再從對方身上賺到錢的客戶，之後會和業務員結爲朋友，因爲業務員服務周到，專業能力強，足堪成爲生活中的貼心顧問，一有事就會想到他，儼然成了業務員的「鐵粉」，日後凡是身邊有人想要買房子，第一個當然是介紹給他。超級業務員非常忙，同樣每天工作十幾個小時，可一點也不瞎忙，每忙一分鐘都能爲他帶來可觀的收入，而且，他忙得很快樂。

生命有限，不要讓瞎忙占據你短暫的人生，我們不求忙得有意義，至少要忙得有價值，你要學會將「爲人而忙」擺在工作的第一順位，財富自然跟隨而來，這樣才能爲我們自己和我們的家人，建構穩妥的美好生活。

不問前世，只看前勢

你一定聽過這句話——「今生所受，前世所作。」意指今生所召感的禍福，係由前世造作而來，也就是註定了，沒得轉圜。既已成事實，再去探詢前世的人生劇本，有何意義？即便是像播放電影般的讓你親眼看見每一個經過的細節，有助於改變今生的狀態嗎？充其量，只能安慰自己說，「原來如此！」

能夠具備「原來如此」而不說「怎會這樣」心態的人，已經不多；可以據此整裝出發，開創新局的人，更是少數。不管如何，今生人身已得，又爲何要對「前世」依戀不捨？上天賦予我們好奇的本能，不是用來「回顧」，是爲尋找「新路」的呀！

曾經有一名滿臉愁容的人去向智者求教，他說：「老師啊！我找過許多以神準著稱的命理師算過命，但每一個針對我前世所測算出來的故事背景都不一樣，只有結論相同，那就是我前世造孽太多，才會落得今生要面臨如此悽慘的下場。他們打包票說可以幫我改運，化解來自過去世諸多冤親債主的糾纏，可現在的我，連吃三餐都有問題，根本籌不出改運的費用。我聽人家說你是大智慧者，能觀透因果，可否請你告訴我，我的前世到底發生了什麼事？透過改運，眞能助我改變現狀嗎？」

智者笑著回答：「噢！你太抬舉我了，我的智慧比起那些命理師差得遠了，我連我自己的前世是什麼鬼都不知道，又怎能胡亂瞎掰別人的前世呢！還有啊！如果花錢改運就可以改變宿命的話，這世上就不會有悽慘落魄的人了。那些收錢幫人消災解厄的人，眞有神通，直接把自己的命運改成皇帝命不就得了，又何必靠算命維生呢？恕我才疏學淺，不夠資格解答你的問題。」

那人不死心的追問：「那老師有沒有什麼方法可以預測來世呢？」

智者不禁咯咯大笑起來，心想，這人滿腦子的前世和來世，今生已經不見了還不知道，於是告訴他說：「要看出一個人的來世，我倒是有點眉目，依我看吶，你的來世，不是——人。」

「蛤！」那人面露驚愕之色，怕是聯想到牛羊豬狗一類的畜生了。

「先別激動，聽我說：」智者緩言道：「佛說人身難得，你這輩子好不容易得了人身，表示你在過去世一定有積德，但你不思在今生把握這個難得的機緣，繼續在德性上精進修持，反倒爲了追究前世因果，自尋煩惱；若不及時醒轉，等死亡的鐘聲敲響，今生就白活了。來世還能再投生人界嗎？機會恐怕很渺茫。做不成人，向上可往天界或菩薩界，但看你現在這副模樣，應該是沒指望了。向下墮落的世界，是畜生道或餓鬼道，比較接近你目前正在走的方向。當然，你的今生尚未結束，還不到下定論的時候，如果你從現在起，願意改變心態的話，翻轉的可能性不是沒有。至於你眞正的未來世，絕對不會再降生爲人，因爲釋迦牟尼佛爲我們每一個人都留下了得度的因緣，早晚有一天，你也能成佛，過程的快與慢，就看你如何作下決定。」

那人眼眶泛紅的說：「我懂了，原來我是被當下種種的逆境給逼瘋了！表面上的我，急於想擺脫悽慘的命運，但其實是愈往悽慘裡鑽了。」

智者拍了拍他的肩膀，鼓勵他說：「這樣想就對了。開竅是走出悽慘的第一步，學習是第二步；接著，你還要將『前世』視之爲『前逝』，莫再爲此虛耗心神。經此一轉，你所看到的就會是『前勢』——眼前的情勢，人生的趨勢和生命的大勢。好好把握向前的每一步，認眞耕耘自己的心田，謹愼栽下未來的希望種子，這才是你最需要的改運法，而且不花你一毛錢。」

智者所言甚是，當四面楚歌的困頓臨到我們的人生，以爲掙脫不出的時候，唯一可以挺過去的方法，就是著眼面前，不將改變的希望寄託在已逝的背後。雖說有付出才有收獲，但這個「付出」，指得可不是拿金錢去跟別人交易有如空氣般的虛言，而是對我們自己的全心投入。

「新路」就在前面，只管昂首挺胸，一直走下去就對了。

不猶豫，不後悔

人生要走的路，如果是由別人替我們安排的，那是幸還是不幸？即便是由自己決定的，就一定能避開不幸嗎？除非你有辦法做到兩件事，一是不猶豫；二是不後悔。

有一名軍官學校的資優生，寫得一手漂亮的毛筆字，榮獲保送美國維吉尼亞軍事學校深造的機會，前途一片光明，被視爲是國家不可多得的棟樑，卻因同學們的一句玩笑話，掉進罪孽的深淵，把原本該是多麼美好的人生，葬入恨土。

「聽學長說，我們亞洲人在要去美國軍校深造以前，有一件事必須考慮清楚；若是你不在意屁眼開花的話，將來才有機會在肩膀上掛星星。」

就因爲這句玩笑話，令他寢食難安，在足足猶豫了一個月之後，那股曾經立志報效國家的滿腔熱血，早已全然消退。自願放棄也就罷了，爲逃避父親的責罵，害怕丟臉，竟然中途輟學、不告而別。後來被學校求償數十萬元的培訓費用還算小事，嚴重的是他自暴自棄，在外結交幫派分子，犯下盜匪殺人重罪，苦吞無期徒刑的重判。

在獄中服刑的他，日日與悔恨爲伍，終於在蹲了二十多年的苦牢之後，獲准假釋，可望重啟嶄新的人生。但他對於這個令人不堪回首的慘痛教訓，始終不能忘記，一直提不起勇氣去面對所有認識他的人，只好透過濃烈的酒精來麻醉自己的身心。就這麼像是無魂的布偶在鄉下遊蕩了幾年，夜夜借酒澆愁，天越亮，心越陰，活著失去意義，趁著一次爛醉到意識不清，故意失足跌落排水大圳，連句再見也沒說，就跟世界永別了。

他的前半生，因猶豫而一敗塗地；他的後半生，因後悔而一事無成；大好的生命，無端捲起風暴，最後落個命喪黃泉的下場，徒留無限唏噓！

猶豫，來自於我們的體內流著一股喜歡流浪的血液，總對生命該在何處落腳拿不定主意。因爲心不篤定，導致難以決定，接著就會生出苦惱，讓自己落入困束的處境。

過去的路既然已經走錯，一味後悔也回不了頭，想辦法走出活路才最要緊。生命短暫，再禁不起多餘的浪費，將想要扭轉一切的後悔心念，化爲再次振作的力量，導向開創未來的新局；一來，因爲人生又有了希望，就不致再被從前的晦暗陰影絆倒；二來，當舊坑被新土填滿，再有多少的遺憾也能彌補。

人生路短，每走一步，不論走錯或走對，都朝著生命的終點在靠近，還有多少時間讓你猶豫？還有多少時間給你後悔？

上天賜予我們生命，是用來體驗及經歷，不是拿來猶豫和後悔的。遇事不猶豫，你才會勇往直前，讓日子過得精采又豐富；錯過不後悔，你才能遠離舊地的枯萎，再闢新田，迎接繁花的盛開。

何必在乎肩膀上有沒有掛星星，全宇宙最寶貴的星，就是你的心。

不想委屈，就大聲的說出來

在所有的人際關係當中，幾乎人人都有過受委屈的經驗，而這個使你受委屈的來源，多半是人，尤其是與你關係密切以及因事連結的人，例如家人和同事。另外，暫時無法跳脫的環境，也會令人感到委屈，例如不和睦的原生家庭和不友善的工作職場。

委屈的情境大致可分爲三種，一是爲了遷就他人或環境，必須壓抑自己的意志。二是遭受不合理的對待，雖難過但無處申訴。三是被虧待，心有不甘卻又要表示情願。

因環境而受委屈時，因爲你無法改變環境，想不受委屈，就只有選擇離開。離不開，也就只能繼續委屈下去，頂多是照著心理師的建議，透過自我療癒的方式，告訴自己說：「即使達不到我想要的理想狀態，我也有能力照顧好自己。」至於療效如何，就看你是否拿得出照顧好自己的眞本事，不能光會在嘴巴上逞強。

因人而受委屈時，意味著你在隱忍、不作任何抵抗；如果你敢表達異議，就沒有「忍」的問題，不忍代表放在心上的那把刀子是指向別人，表態叫對方不要得寸進尺；忍住則是反過來將刀子對準自己的心，強迫自己要乖乖順服。因此，假若你在受委屈的時候，選擇用隱忍去應對，不單是當下的感覺不好受，還會使你的情緒陷入長期的低落，甚至會讓別人誤認爲你是一個以受委屈爲樂的人，進而有恃無恐的欺壓你、傷害你。

總是一直在受委屈的人，一定是心地非常善良的人，因爲凡事都爲別人著想，擔心自己的反應會令對方感到不適，只好默默吞下。當默默吞下委屈變成了一種習慣，既無法釋懷，又找不到舒發的出口，就會像是草木被越積越厚的冰雪重壓，起初是彎下，接著是折斷，再來就是枯萎了。

善良的人其實也可以很強悍，強悍的立場是基於正義、公平和眞理，而不是滿足一己之私。倘若讓自己吞下委屈的理由是基於正義、公平和眞理，那沒有問題，若不然，則要力爭到底，猶如乍醒的睡獅。強悍的反面是軟弱，如果你又善良又軟弱的話，情況就不利了，狀態就遭糕了，想不受委屈，除非你沒有神經。

心地善良加上個性軟弱的人，你要他一下子強悍起來是不可能的，想不受委屈，該怎麼做才好呢？大聲的說出來。大聲說出來，不是叫你大呼小叫，跟對方吹鬍子瞪眼睛，就只是清楚的表明自己想知道，爲什麼我要聽從你？爲什麼是我而不是別人？爲什麼我一直得不到應有的公平對待？請給我一個讓我能夠接受的理由。

大聲的說出來，叫衆人都能聽見你的心聲，一來讓大家知道你不是隨隨便便就可以欺負的，別再把你當成洋娃娃，下次有誰再想讓你受委屈，就會多加考慮；二來讓那個眞正使你受委屈的人明白，即便這次他可以說服得了你，不代表下次也可以，每次都要找理由讓你接受，會令他頭痛不已，從而轉移對象，不再把目標放在你身上，這麼一來，受委屈的狀態就會慢慢的遠離你。

另外，如果你常常受到虧待，明明你的待遇不及你的能力，卻被認爲應該；那是因爲，當別人第一次對你說：「不好意思，委屈你了！」的時候，你是這樣回答的：「不會、不會，這樣已經很好了。」到了第二次，你還是會很客氣的說：「哪裡、哪裡，這是我該做的。」到了很多很多次以後，你的「客氣」就順理成章的等於「應該」了。誰虧待你了？是你自己表達這樣就夠了。所以，你若不想繼續被虧待，又不想破壞與對方的關係，你該這麼說：「我這次是衝著你的面子才答應，換作別人，門都沒有。」一方面給足對方面子，二方面暗示對方，下不爲例。

總結來講，不想再受委屈，你若是無法從「做法」上去突破自己的軟弱，就只能從「心法」上練習不讓軟弱深化成自我的二度傷害。心法是什麼？「我委屈，因爲我善良；我吃虧，因爲我足夠；我忍受，因爲我寬容；我退讓，因爲我崇高。」

請你明白，所有令你感到不甚好受的原因雖然都是外來，但眞正使你生出委屈和難過情緒的人是你自己。如果不想再繼續委屈下去，那就大聲的說出來，如同清晨喚醒大地的鳥鳴，無關乎萬物要不要聽，就只是爲自己準備好一個迎接朝陽的愉悅心情。

心態決定了你是誰

愛因斯坦曾經接受美國普林斯頓大學學生的專訪，學生問他說：「什麼是科學最重要的問題？」

愛因斯坦針對這個問題愼重思索了足足15分鐘後才回答，他說：「科學研究的成果攸關這個整體社會是善良的，還是邪惡的；如果一個科學家他主觀認爲這個世界是邪惡的，他就會去發明武器，創造傷害人的東西；創造出牆壁，把人隔得愈來愈遠。如果在那個科學家的認知裡，世界是善良的，他就會去發明聯繫，創造連結，把人與人之間的關係拉近得更緊密。所以科學最重要的問題，不在於發現什麼或是發明什麼，而是研究時所秉持的心態。」

初始的心態若是善良的，它所創造的狀態就會是善良的；初始的心態若是邪惡的，它所創造的狀態一定也是邪惡的。而初始心態的形成，會受到外在狀態的左右，將之導向善良或邪惡。假使我們來不及在心態變得強大且難以改變的時候去主導它，心態最後是什麼樣子，我們就會成爲那個樣子。

每一個人在他出生時的狀態都不相同，有些人幸運的被放在堅硬的人生石地上，可以輕鬆的奔跑；有些人不幸的被拋在軟爛的生命泥田裡，拔腿都覺得困難。但這並不足以決定我們將來可以成爲的樣子，只要我們能在心態上選對了茁壯的方向，我們依然可以成爲我們想要成爲的樣子。

有人失去了雙手，卻能利用腳趾彈出美妙的鋼琴樂音；有人失去了雙腿，仍能憑著十指攀登險峻的山峰；有人生長在貧窮的農家，長大以後，竟然當上了一國的元首；有人一直被社會輕視、排擠，依舊心懷愍恕，化悲憤爲力量，靠著不屈的意志，多方奔走，組織了一個能夠給人們帶來安慰與扶持的龐大體系。這些人的存在，鼓舞了世人不向命運低頭的信心，相信卽使是身處在魔鬼的地獄裡，也能長出天使的翅膀。

相對於人生的各種狀態，我們遭遇的不見得有比上述的那些人更悲慘，但我們的心態竟有如活在天堂裡卻長出了墮落的獸角，朝著反方向去改變了。

眼前的狀態，不代表人生最後的處境就是如此；是天堂，是地獄；是掌聲，是噓聲；端視我們的心態往何處去連結。

就科學的研究而言，每一個生命都非常重要，地球的美好來自於大自然的平衡運作與所有生靈之間的相互效力，尤其是身爲萬物之首的我們，更不該妄自菲薄。千萬不要在遇到逆境的時候，選擇向下沉淪，也許上天拿走了你身上某些看似不能沒有的東西，其實是想藉著你的浴火重生，教世人看見生命的奇蹟。

法國的一位思想家盧梭曾說：「任何一種心態，只要你能控制它，它就對你有益。如果你讓它左右自己，它就會對你造成傷害。」

以前的你是誰？現在的你是誰？都不重要，重要的是，未來的你，會是誰？

只要堅守一個原則，就能成就非凡的自己

〈情境一〉

夜色正濃，幾個男人在日式居酒屋裡把酒言歡，酒酣耳熱之際，其中一人表示自己答應了老婆會早點回去，此語引來眾人嘲諷，恥笑他怕老婆，不是男人。

他毫不理會，起身穿上外套，離去前，一臉正經地對大夥兒說：「我不是怕老婆，是愛老婆。女人需要男人的陪伴和倚靠，當她提出這樣的要求時，本於對愛情的承諾，我理應做到，這才是眞男人。不像你們這群只會逃避老婆的人，說說看，你們算是哪門子的男人！」

幾年過去，這群男人的婚姻狀態，不是相敬如冰，就是瀕臨破碎，除了那個能夠持守誓約、愛老婆始終如一的男人以外。他對愛情的堅守信諾，爲他成就了非凡的幸福家庭。

〈情境二〉

在一間跨國集團公司的總部裡，新來了一位專責送文件的小弟，由於他做事勤快，待人有禮，交辦事項從不或忘，總能迅速圓滿地達成任務，每日穿梭在各個部門之間，沒有人不喜歡他。相對的，這邊有人交待他，那邊也有人交待他，不分公事私事，統統交待他，工作一整天下來，累得跟狗一樣。可是，他未拒絕過任何一個人。

某位前輩看不過去，也可能是看他幫忙自己心中討厭的對象有些吃味，便勸告他說：「你在公司裡不過是一名層級最低的員工，有很多事根本不該你做，你又何必為了巴結人，把自己累個半死！不說你不知道，依你現在這個職分，人家只把你當奴才看，待在這間公司是不會有什麼前途的。所以呀！省省力氣吧！別再做一些吃力不討好的事了。」

他心存感激的說：「謝謝前輩的提點，真是令我倍感溫馨。但我必須說，很多事情既然答應了人家，盡力做到是應該的，雖然累了點，倒還不算辛苦。而且，這麼做使我跟公司裡的每一個人都拉近了距離，並讓我從中學習到許多跨部門的專業知識；因為我不會拒絕別人，當我請求別人教導我的時候，如果他還需要我跑腿的話，也就不太好意思回絕我，無形中，我就得到了我想要的益處，很值得呀！」

轉眼經過二十年，當初那名送文件的小弟，搖身一變成為該集團亞洲區的副總裁，而那位曾經好心提點他留在公司不會有大好前途的前輩，默默地向人資部送出了退休的申請單。

身分也許有尊卑，工作豈會分貴賤；答應了就盡力去完成它，完成了，不分大事小事，就算功勞一件。將所有的功勞累加起來，等同是一件了不起、令人看輕不得的大成就。那些被員工們看為刺眼的事，放在老闆的眼裡，反倒成了閃耀的光芒。是奴才還是人才，從重信諾這一點，就能分辨得出來。曾經擔任過公司最底層的卑微職務又如何，小弟的堅守信諾，為他成就了非凡的成功事業。

〈情境三〉

二次大戰期間，有一名被關在納粹集中營的猶太婦女，將一張紙條交給了一位負責看守人犯的德國警衛，千拜託萬懇求，請他無論如何要把紙條送到她已經逃往英國的孩子的手中。而這位正在準備執行上級屠殺命令的警衛，大可一撕了之，但因他對她點了頭，視同許下承諾，於是，等到大戰結束，他用盡一切資源，想盡一切辦法，終於順利完成了這項即使不做也不會有人知道的任務。

經過許多年，警衛老了，往事已如雲煙飄散，沒幾人記得了；某日，他忽然接到從法院寄來的起訴書，指控他於二次大戰擔任集中營警衛期間，協助及教唆殺害數千人，罪行重大。正當他爲了上法院開庭，擔心審判結果而食睡難安之際，家中信箱又收到了一封遠自英國寄來的感謝信。

他將這封感謝信當庭呈交給審理的法官，並經官方查證屬實，且獲得英國在地猶太人的連署求情。最後，判決出爐，與他同案的數名被告，全被判處五年左右的有期徒刑，兼要賠償鉅額的補償金，唯獨他獲判緩刑，免除賠償責任，可以安享晚年。

事後，他告訴他的朋友說：「當時，其實我對那個女人一點同情心也沒有，因爲我必須忠誠的執行國家交付予我的任務，不該有同情心，也不可以對敵人存有一絲的憐憫。但沒想到，我竟然對她點了頭，既然如此，我也必須對我自己忠誠，因爲我向來自許是一名守信的人，再有多麼困難，我都要完成它。感謝上帝賜給我這個恩典，使我逃過一劫。」

原本是罪孽深重的納粹集中營警衛，就因爲他的堅守信諾，不但促成了他人的親情連結，也維護了自己的生命尊嚴。

〈結論〉

在現實社會裡，堅守信諾的人往往是被傷害最深的人，所以，學會拒絕，便成了主流的顯學。拒絕意味著冷漠、不關心、別靠近；表面上是爲自己好，但在不知不覺中，孤立感就會漸漸爬上身。

人一旦在家庭中孤立，幸福就遠離了；人一旦在工作中孤立，成功就遠離了；人一旦在信實中孤立，上帝就遠離了。

你說，不是這樣子的，是因爲別人都不守信諾，我才跟著做的。是啊！別人遠離幸福、遠離成功、遠離上帝的祝福，你也要跟著一起遠離，對嗎？

堅守信諾，從來就不是爲了別人而做，就只是成就非凡的自己，即使砍刀架在脖子上，誰敢說我不是最棒的。

可以爲自己而活，但不要留下遺憾

有一股風氣正在社會上迅速漫延；一群年紀落在三十歲上下的有爲青年，外表亮麗、頭腦聰明，各自在不同的領域中嶄露頭角，不管是寫書、演講或接受訪問，總會刻意的提到這麼一句話：「不要照著別人的期待而活，要爲自己而活。」另外一個版本是：「以前是照著別人的期待而活，現在則要按著自己的決定而活。」

剎那之間，能不能爲自己而活？儼然成爲一個相當熱門的討論話題，如果凡事都不能按照自己的意思，怎能活出快樂？活不出快樂，精神上的萎靡便會促發心理上的憂鬱，彷彿人生就像是一座永遠也無法興建完工的遊樂場。但，在萬事尚未俱備、潛能尚未開發、歷練尚未豐富的情況下，單憑一句「我要」，就能順利將遊樂場興建完工嗎？

人生的階段可分爲嬰兒期、幼童期、少年期、青年期、壯年期、中年期和衰老期；這當中又可劃分爲育成期、求知期、學習期、奮鬥期和塵埃落定期。也就是說，我們不可能從一出生就按照自己的意思而活，非得先照著別人（至少是父母）

的期待（安排）而活不可，不然要怎麼活！

於是，這個來自別人對你的期待（感覺被逼迫），攸關你日後生存能力的基礎養成（技能力、適應力、忍耐力和抗壓力等等），基礎打造（訓練加磨練）的越扎實，未來出社會的競爭力也就越強大，相對於你擁有自我決定的機會就越高，時間可以越提早，這是必須要先建立起來的一個正確觀念，才不會被一時觸發內心共鳴的片面話語給誤導，明明能力尚不足夠、經驗仍屬淺薄，先不先就任性地故意去頂撞、想要拿回自主權，等遇到障礙、走不通了，又把所有活不好的原因統統怪罪到別人頭上，簡直是本末倒置。

就「基礎養成」這一部分來講，可將人區分爲四個類型：

一、在養成時期，雖然都要照著別人的期待而活，但要你活出他所期待的那個人，同時也供給了你一切的資源，其實你是幸運的，因爲你得天獨厚，穿著一雙頂極的好鞋站在人生的起跑點上，只是你不喜歡被別人催著跑、不願意聽從別人的指揮而已。

二、有人強迫你要照著他的期待而活，卻沒能力或不願意提供任何資助給你，而你又對那個你必須接受的期待充滿排斥，這類人最可憐，既要你跑山路，又不給你鞋穿，跑得辛苦不說，還不一定能達標。

三、沒人要你非照著他的期待去做，但也沒能提供你任何幫助，任你自由發展（或說自生自滅）。通常這類人的一生，只有少數可以發展得很好，或是發展得很不好，多數都是庸庸碌碌。

四、對你沒有期待，卻盡全力供給你的所需，這類人是前世積福來的，但別以爲這樣就能活出比較好的人生，因爲在立足點上毫無壓力與顧忌，不用承接責任與揹負重擔，除非自律嚴謹，一旦隨性過了頭，凡事自以爲是，最容易誤入歧途。

或許還能再抽拉出第五個類型，也就是，別人對你有期待，但不強硬；能供給你所需，但只夠應付。歸屬於這一類型的人，人數的占比可能會是最高的吧！

且不論你是屬於哪一類型的人，在你要對「不照別人期待，只爲自己而活。」這句話下定決心前，先看完下面這個故事。

她是一位單親媽媽，年輕時爲了愛情，不顧家人反對，毅然放棄去國外深造成爲頂尖音樂家的機會，嫁給了許諾要照顧她三生三世的男人。只可惜，那個男人，在她爲他生了一個女兒之後，竟連陪伴一年的時間都不到，就棄她而去。

她傷痛欲絕，但爲撫養女兒，她不能倒下；在與父母絕裂、失去奧援與支柱的窘境裡，她只能四處打零工，甚至是淪爲餐廳的洗碗婦，也要想盡辦法將女兒栽培長大。

也就在全力供給女兒成長和學習所需的同時，相對於女兒的未來也抱持著深切的期待，她規定女兒除了吃飯、睡覺、上學以外，必須全天候不間斷的練習彈琴（鋼琴和小提琴），稍有怠惰或未跟上進度，打罵立下，毫不留情，看似一點疼愛之心也沒有。

就這樣，女兒懷著對母親極度的怨恨和突飛猛進的音樂造詣日漸成長，接連奪下國內外大大小小的比賽冠軍，不到三十歲，就晉身爲世界一流的音樂家之列，名利雙收。

後來，女兒在一場大型的個人音樂會上，突然宣布以後不再對外公開表演，並拿出她母親買給她的第一把小提琴，當場砸爛，然後面向著攝影鏡頭說：「媽！從今天起，我不會再照著妳對我的期待而活，我要爲我自己而活。」

女兒從此不再與母親連絡，直到八年後，女兒輾轉收到了一封母親寫來的親筆信，信上說：「當妳看到這封信時，媽已進入癌症末期，或許不在人世了！女兒啊！媽知道妳恨我，恨我剝奪了妳的快樂童年和妳想要追求的自主人生；但請妳仔細想想，妳也只不過是付出了二十多年的青春歲月，當妳打好基礎，有足夠本事在社會上生存及有能力照顧好自己的時候，妳可以再過上六十年，甚至是八十年的得意人生，不是嗎！不像媽，三十歲以前都順著自己的決定在活，結果，自從妳出生以後，沒有一天活得安好、活得快樂，唯一還能讓我感到欣慰的，就是看到現在的妳，可以不須仰賴他人也能好好活著，不致步入媽的後塵，這樣我就放心了。我不怪妳不來看我，早在很久以前，我就知道自己將會付出今日的代價，但我不後悔，只是沒想到自己在臨死之前，未能再見妳最後一面，留下了此生最大的遺憾。請妳原諒我，我的好女兒。媽愛妳，永遠愛妳，永別了！」

女兒又再重啟自己的演奏生涯，她站在舞台上淚流滿面、語帶哽咽的說：「媽！謹以這場音樂演奏會獻給在天上的您，謝謝您，沒有您就沒有今日的我。對不起！眞的對不起！我愛您！媽媽！」

故事看完了，有何感想？

我們每一個人都有權利爲自己而活，並爲自己的生命負責，但如果連接受基礎養成期的磨練（上天對每一個人所作的獨特安排）也無法承受，秀不出任何能向世界誇口的條件，要憑哪一點活出自己想要的樣子！

當別人對你有所期待，並全力供給你所需的時候，表示你是被重視、被關愛的，比起天生什麼也沒有的人好得太多。當無人對你抱持期待，又得不到任何扶助的時候，也不要難過，那是上天爲了要讓你及早獨立、及早學會照顧自己，及早成爲一個有用的人所做的安排。當你暫時還無法爲自己而活的時候，千萬不要著急，那是因爲你尚未準備妥當，尚無法叫人對你放心、放手。

能夠活出別人的期待，表示你在各方面的能力與條件皆已具足，足以獨當一面、利己利他了。你當然可以爲自己而活，但在羽翼未豐前，記得稍安勿躁。還有，當你是一個值得被期待的人時，代表上天對你不薄，未列入被拋棄的名單，你該懂得心存感激，不要因一時糊塗或認知不淸而留下一輩子的遺憾（悔恨）。

生活有禪意，簡單又如意

現代人很喜歡說「禪」，只要是無法透過感官去理解的，都說是「禪」。可說來說去，還是說不出個所以然。於是得出了一個結論——凡所有神祕的、具甚深微義的、非尋常能懂卻又引人嚮往的，就是「禪」了。

既然「禪」是如此的難以捉摸，非是任何文字、語言及形相能夠加以具體描述的，誰有資格教學呢？拿沒有人懂得要如何提出辨證的學問出來教，誰知道你講得東西到底對不對？

例如：某某老師開了坐禪、參禪、行禪等高收費的教學課程，吸引許多學員報名；但站在佛陀創始「正眼法藏」（禪之流傳，係從佛陀當初在靈山法會上拈花，眾皆默然，獨迦葉尊者一人微笑而來，事後也不曾作過任何隻字片語的解釋。）這個法門的角度來看，硬是編出這些課程來教，似乎怪怪的。

坐禪？如果禪可以「坐」出來，石頭豈不是也能磨成鏡了！

參禪？如果禪可以「想」出來，幻境豈不是也能化成眞了！

行禪？如果禪可以「行」出來，跑車豈不是也能修成佛了！

不知禪爲何物，坐、修、行就只是表面功夫，獨有形，缺少義，連皮毛都搆不著，勉力爲之，頂多像是「路徑」。事實上，這條路徑的終點到底能通往哪裡，倘若指引的方向打從開始就不對，難保不會直達魔域。

《金剛經》言：「過去心不可得，現在心不可得，未來心不可得。」連「心」都不可得了，「禪」要靠什麼來得？遑論是教學了！

禪雖然不能用說的，但在尋常的生活中，藉著許多不在我們意料之中的情節與畫面，也還是可以意會的。

分別來自不同地方的12個人，搭乘某棟商業大樓的同一部電梯要到頂樓參加喜宴；電梯關門才剛要啟動上升時，竟有人偷放了一個屁，臭到眾人緊掩口鼻，暗自咒罵。——「臭屁」無須特別解釋，但見在場人士幾乎同一時間，不待有人發號施令，就產生了「意行一致」的共鳴。

還好，有人迅速從口袋中掏出打火機，舉高、點火、左右晃動，不超過三秒鐘，便使臭味全消。——屁中含有甲烷的成分，類似瓦斯，當密閉空間迷漫著大量的臭屁之氣時，點著打火機除味，要比空氣清淨機更快速有效，這是常識。

混亂局面，秒回平靜；那人一邊將打火機放回口袋一邊開玩笑的說：「好一股禪味啊！」——原本互不相識的12個人，瞬間化解尷尬，不約而同的笑了，也不在意臭屁到底是誰放的了（因爲只要是人，都會放臭屁），隨後一起走出電梯，將這個令人難忘的共同經驗，長存於心。

「好一股禪味！」無須多言，即生共鳴；直指核心，解決問題；會心微笑，走出困局。一個臭屁的壞因，竟也可以產生美妙的好果，要像是這樣的一種呈現，才算是稍稍具備了禪的概念。

眞正的「禪」，是不分內外，不屬動靜的，它就在萬事萬物當中，時時圍繞在我們的周圍，生根在我們的心裡。它不可能被找到，只有被發現，而在那個發現的當下，很難說清楚、講明白，因爲誰也沒有辦法將痛苦或喜樂的經驗，一絲一毫、完整不漏的表達出來。即便是「禪」這個字，看在眼裡一個樣，心裡卻是各吹各的調，那都不是「禪」。

其實，越是簡單，越是純粹，就越接近禪的意境，說太多，反而離禪越遠。人生想要過得簡單，活得純粹，就要對禪意能夠有所體會，而不是一天到晚把禪字掛在嘴邊、搞得好像很複雜、很神祕，或是異想天開以爲花錢就能買到或學到。當你能夠把所有發生在你周遭的事情，完全不當作一回事兒，無論外面是如何的風狂雨驟也不影響你內心的平靜，基本上，你自己就是一位禪學大師了。

先有山，才有寺

位於高雄市大樹區的佛光山，原本只是一座長滿痲竹林的荒山，毫無經濟價值可言，卻在已故的開山宗長星雲大師的開墾下，成就了不凡的佛教事業。

星雲大師自述其兒時未曾受過正規教育，甚至連學校也沒有看過。12歲出家以前，曾斷斷續續到私塾讀書，但因爲每天要繳四個銅板，相當於買二個燒餅，常爲了省錢，就不去上學。出家以後，有將近十年的時間都待在保守的寺院裡，每天過著只有排班、禮拜、長跪、砍柴、挑水等刻板的生活。直到十七、八歲時進入棲霞律院，才算是眞正接觸到了佛法。後來，因緣際會到了台灣，當時也只不過是一名兩袖清風、默默無聞的年輕比丘而已；但，經過數十個酷暑寒冬，他將那座長滿痲竹林的荒山，創建成法水長流五大洲的佛光聖地，分院遍布全球，跟隨者何止百萬，憑藉的是什麼呢？

心態。無我的心態、無畏的心態、謙卑的心態、忍辱的心態、傳承的心態、宏觀的心態、創新的心態、慈悲的心態、以及利益衆生等等的心態。因爲具備了超凡入聖的心態，才有辦法將荒山野嶺的狀態改變成佛光普照的狀態。

佛光山是星雲大師創建的，星雲大師卻說不是他的，那是屬於全人類的。如今，世人眼中所見，只有輝煌，沒有荒涼，哪裡想像得到以前遍地是麻竹的景象。

凡人的想法是四處尋找寺院膜拜，所以爲凡。聖人的想法則是開山建寺、塡坑洞爲坦路、化腐朽爲神奇，所以成聖。同樣的一堆石頭，看在我們的眼裡是無用的廢物，看在星雲大師的眼裡卻成了建寺的良材。不必怨嘆自己爲何永遠也無法成爲大師，那是因爲我們的心裡始終長著一片雜亂的麻竹林。

一間宏偉的寺，來自於一個偉大的「人間佛教」思想；一座迪士尼樂園，起源於一隻可愛的「米老鼠」卡通圖像。如果不是先繪出第一隻的米老鼠，後面就不可能構思得出一整座的樂園藍圖。而這隻米老鼠的誕生，並不是基於某個人的需要，而是爲了帶給全世界、不分大人小孩、滿滿的歡笑和奇妙的夢想。

當我們存著這樣的一種心態去開創自己的人生道路時，眼見的麻竹林就不再是麻竹林了，藉由偉大的思想和歡樂的信念，所有的障礙，都將成爲日後榮耀的美光燈。

面對生命裡處處皆有痲竹林的際遇，因爲有了星雲大師做榜樣，從此我們就知道，上天雖然安排了一大片痲竹林擋在我們的前面，其眞正的用意，是希望我們能夠親手建造一座光明寺，成就自己，圓滿他人，造福世界。

先有山，才有寺；不因眼前的荒山而怯步，才造得出宏偉的殿堂。當有人願意心悅誠服的向你朝拜時，距離輝煌的目標就不遠了。

先有好共識，才有好關係

人際關係的好壞，對人的一生有著重大的影響，無論是在哪一種關係中扮演哪一種角色，只要是那段彼此相處的過程是美好的，總有說不出的心靈愉悅感會伴隨而來。

每一個人都希望自己的人際關係可以很好，卻也深受「相愛容易，相處難」的問題所困擾！何以相處會那麼困難？原因就出在缺少「共識」，尤其是很棒的共識。

在《西遊記》中，有一個沒有被作者寫出來的NG片段——

有一天，沙悟淨見到二師兄豬八戒走過來，便深深地嘆了一口氣。豬八戒就問他說：「師弟何故嘆氣？」

沙悟淨回答：「我怎麼也想不到，這輩子居然會跟一頭肥豬結爲師兄弟！」

不久後，換孫悟空走過來，豬八戒也大嘆了一口氣。孫悟空不解的搔著腦袋問說：「豬師弟好端端的，所嘆何來？」

豬八戒回答：「我萬萬沒想到，這輩子居然會跟一隻潑猴結爲師兄弟！」

後來，唐三藏也走了過來，孫悟空、豬八戒和沙悟淨三人，先是看了他們那弱不禁風的師父一眼，隨即眼神交會，彷彿有共識般，不約而同的發出了一聲長嘆。

僧人、石猴、豬妖、沙怪，這四個完全不可能融洽在一起的組合，竟然可以患難同當、生死與共，經歷八十一個險難，前往西天取經，完成艱鉅的任務。這其中的關鍵，即是「共識」，因著相同的目標，讓彼此的生命緊緊連結，再怎麼合不來，也要合得來。

故事雖然是虛構的，義理卻是獨到的，論到世間的緣分，有無共識，決定了「分」與「合」的結局，不正是如此嗎！

已故的印度哲學大師奧修曾經講過一則軼事——

有一個男人在看病的時候告訴醫生說：「自從十年前我太太得了精神病之後，我就開始出現頭痛的症狀，因爲我太太她總以爲自己是隻母雞。」

醫生驚訝的問他說：「那你怎麼到現在才來看診？這十年來，你日子是怎麼過的呀！」

男人一副很失望的表情說：「我一直等不到她生蛋。」

言下之意，即使是與精神病患同住，只要取得了共識，一起生活十年也是不成問題的。

生命與生命之間的關係，有很多是命定的，例如斑馬與獅子。斑馬在草原上遇見獅子，除了逃以外，是絕無可能與其建立起友誼的。人不是斑馬，也不是獅子，但有的人的心性像斑馬，有的人的心性像獅子，這兩種人也是絕無可能產生共識的。

我們必須先有智慧去分辨誰是斑馬，誰是獅子，才能依據想要跟對方建立何種關係，進而找出彼此皆有共鳴的交集。然後，才能從陌生發展至熟稔，生根一段緊密的情誼。如果是原本熱絡卻出現關係惡化的情形，肯定是因爲彼此曾經有過的共識已不復在，倘若還想讓這段關係繼續維持，那就得要找出新的共識才有機會。

任何一段良好的人際關係，絕不會是構築在一廂情願的設想上，共識也不單指彼此之間具有相同的目標或理念；更多時候，共識是來自妥協與退讓、無私和無執，只求完整，不使破碎。

萬一，實在是找不出一丁點共識，又不想讓自己委屈，怎麼辦？那就不必勉強，道不同不相爲謀，只管快樂作自己囉！

先放手，才能再緊握

警察局110勤務指揮中心接獲報案，說市區某大樓的7樓陽台上，出現一名情緒失控，疑似想要自殺的女子，隨時都有墜樓的危險，便立刻通報調遣相關警、消、護等人員趕往現場。

女子歇斯底里的對著緩慢向她靠近、站在消防雲梯車上的女隊員大聲吼道：「不要過來，妳要是再敢過來，我就立刻跳下去。」

女隊員試著先穩住該名女子的情緒，一邊柔和的勸說她不管遇到任何事都要愛惜自己的生命，一邊爭取時間讓下方的同事們將防墜的氣墊床架設妥當。

女子哭喊著說：「走開，妳不懂，他不會回來了，我的世界毀了，一切到此結束了！」女子作勢要往下跳。

女隊員從無線電通訊器的呼叫中得知樓下的安全設備已佈置完成，態度忽然180度轉變的對她喝斥說：「要不是我穿了這身制服，我才懶得管妳，妳要不要尋死，根本就與我無關。在妳跳下去之前，我只想讓妳看一樣東西，看完之後，如果妳堅持要死，我絕不攔妳。」

女子頓時怔住，身體往後一縮，不再前傾，眼睛直視著女隊員，像是被好奇心給定格，靜候著對方的口令。

女隊員捲起左手長袖制服的衣袖，露出一道橫切過手腕上的褐色疤痕，接著示意雲梯車的駕駛將她移向更接近陽台的位置，然後說：「我懂，我不騙妳，我是過來人，妳現在的心情我眞的懂。請妳看看我，同一隻手，有一道曾經傷心難過的疤痕，但現在也戴著一只開心幸福的婚戒。我很慶幸自己還活著，否則遇不到比以前那個男人更好的、我現在的老公。」

女子瞪大了眼睛，彷彿有一片陽光灑落，驅散了臉上的烏雲。

女隊員見機不可失，伸出手，說：「來，握住我的手，慢慢走出來，相信我，妳絕對值得有更好的男人來愛妳。」

女子抹去淚水，深吸了一口氣，伸手抓住女隊員左手腕的同時，剛好遮蓋了那道傷疤，只看見那枚婚戒在艷陽下閃閃發亮。

我們常常會針對某個特定的人生狀態寄予高度的期望，當期望落空時，我們仍不甘願放手，以致於被那個落空的狀態一直囚禁，誤認爲這裡就是人生的盡頭。

其實，囚禁你的，始終是你自己，不給你希望的也是你自己，你要知道，落空本來就是一件很正常的事，既然你想抓住的抓不住，那還緊握著裡面連空氣也沒有的拳頭幹什麼？

放開它，讓它走，別教你的靈魂也跟著去，這樣才能在放手了以後，重新去發現，原來這是上天安排給你的一個機會，不先失去，就不會知道還有比過去更美好的可以把握。

一段愛情的失去，並不是生命的全部；一座山崩塌了，才看得見山後有一片美麗的花海。當幸福來臨，當然要緊緊握住；當分離來到，若還戀戀不捨，留下的就只有無盡的憂傷。

將那道傷心難過的疤痕拋在過去，空出手來，戴上開心幸福的婚戒；無論是誰，只要能勇敢地走出舊情，這樣的機會，永遠都在。

在地上奔跑的雲

阿里巴巴集團的創辦人馬雲，原本只是個其貌不揚的英文老師，翻轉人生之後，晉身全球百大富豪與頂尖企業家之列，他的成功故事，令許多年輕人羨慕不已。

究其原因，不過是馬雲的「心態」與衆不同罷了。來看看他是怎麼說的：

一、馬雲不喜歡讀書，但很會看書，專看使人快樂的書，把人生當成一本書。（活出快樂的心態）

二、馬雲大考落榜，和表弟一起去應徵端盤子的服務生，因爲長相太醜被拒絕。申請就讀美國哈佛大學被拒絕了三次。在矽谷爲阿里巴巴募資，至少被拒絕了40次。當他功成名就，被哈佛邀請到校演講時，說：「選擇用什麼心態去面對人生，你的人生狀態就是什麼樣子。」（認命但不認輸的心態）

三、馬雲做過臨時工、做過祕書、爲雜誌社送書，靠賣苦力過日子。但他不甘心自己的一生就這麼只當一個小販、一個車夫；於是不顧家人反對，投入第二次的大學入學考試，從第一次數學考1分，到第二次考79分。（設定目標，努力奔跑的心態）

四、大學時就讀外語系，剛好藉著中學時期利用「自學」英文打下的良好基礎，輕鬆應付學業，將精力放在參加社團，傾全力舉辦活動，精彩的表現，使他成為校園風雲人物，不僅結識了眾多知心好友，還娶到一位美嬌娘。（提早準備、洋溢自信的心態）

五、馬雲是先具備眼光，接著培養實力，然後生出堅定的耐力，最後才能造就出無與倫比的能力。（著眼宏觀、腳踏實地、按步就班的心態）

六、「你自己要明白，你要去哪裡！成功是很短暫的，背後所付出的代價是很大的。」（自知之明的心態）

七、「冬天後活下來的人，就有機會贏，靠的是意志和毅力。」（硬挺不屈的心態）

八、「這個世界上，沒有一個人能真正的改變你；重要的是，你能從每個人的

身上，找到各種機會，不斷學習，從而反過來影響別人。」（自我調整、擴而及之的心態）

九、「你必須跑得像兔子一樣快，又能像烏龜一樣耐跑。」（熱情不減的心態）

十、「對事情執著與堅持的前提，必須先有正確的觀念和對的眼光。」（正知見的心態）

十一、「每一次的打擊，只要你撐過來了，就會變得更堅強。抗打擊的能力強大了，眞正的信心也就有了。」（愈挫愈勇的心態）

十二、「我們來到這個世間，不是來創業的，不是來做事業的，我們是來體驗生活的。」（洞悉人生意義的心態）

十三、「通用電器的使命，是讓全世界亮起來。迪士尼的使命，是讓全天下的人開心。阿里巴巴的使命，是讓天下沒有難做的生意。而我的使命，是讓每一個孩子都能走上舞台。」（背負使命的心態）

十四、「在職場中，對自己的公司和工作忠誠，就是忠誠於自己的事業，就是

以不同的方式，爲一種事業做出貢獻。」（善盡本分的心態）

十五、「因爲你信，你才有機會。如果你不信，你一點機會都沒有。」（願受至苦、至難磨練的心態）

十六、「人生是一種經歷，成功在於你克服了多少困難，經歷了多少災難，而不是取得了什麼的結果。眞正的幸福，一定是和眼淚、歡笑、汗水結合在一起的。如果你離開世界的時候沒有感到後悔，如果社會給了你很多機會可以做很多事情，Enjoy it。」（敢於面對、勇於承擔的心態）

一樣是在地上忙碌奔跑，爲什麼馬雲可以跑在那麼前面，而我們卻一直停在原地踏步？原來是馬雲的「裝備」比我們齊全的太多，而這些裝備，並非我們沒有，只是我們一直不懂得要拿出來用罷了。

其實，我們的「心」就像是日本卡通「多啦A夢」肚子上的神奇口袋，要什麼裝備都有。每天每天，只要隨便拿出一種跟馬雲相同的心態來，夢想飛上雲端，仍是指日可待。

如果人生可以重來

爲什麼你會希望人生可以重來？

因爲，人生如果可以重來，你就不會做出那件無可挽回的憾事；你就不會錯過原本應該要把握住的緣分；你會想辦法修復撕裂的感情和破碎的關係；你會鼓起勇氣面對自己的懦弱；你會調整個性，試著多替別人著想；你會認眞生活，踏實工作，不再追逐幻夢般的奢華享受；你會走對方向，開創不一樣的新局；還有，你一定會愼重選擇自己想要的一切。

如果人生可以重來，你就能將過去所有的不美好、不圓滿，全部塡補起來，讓你的人生永遠不再有遺憾。

如果你一直都是這麼想的話，表示你陷入了一種「後悔莫及」的情緒，可能正面臨著「進退無路」的絕境，現在一定是過得「非常糟糕」。

爲什麼以前的你在做任何決定的時候不怕後悔呢？原因是你缺乏歷練、缺少經驗，總以爲自己具足知識和能力可以主導一切，等你發現並不是那麼一回事時，數十年的光陰已匆匆流逝，你終於學到了教訓，但爲時已晚，那些在你的人生當中曇花一現便消失不見的機緣，都再也喚不回了。

生命有限，卻被你肆意地糟蹋，當你有所覺悟，竟是身處人生的谷底，可你思忖的不是自己還有多少時間，是否尚有餘力扭轉宿命，而是認定再做些什麼皆是多餘。於是，你將僅剩的黃金歲月，全押注在最後一場「後悔」的賭局，藉由「如果人生可以重來」的假想，向苟延殘喘的自己作出交待。

過去，你一心想攀爬的高山，其實不是高山，只是幻影，才使你不愼摔落；現在，你待在谷底向上仰望，終於看清了高山的面貌，卻不敢再次攀爬了，你已經做好就地定居的打算，你讓你的「人生如果可以重來」的盤算，取代了「人生可以重新開始」的籌劃，倘若眞是如此，你，白活了。

會後悔，代表你長大了，成熟了；不妨冷靜省思，人生如果眞的可以重來，每個人都有他自己希望重新來過的想法，不會只依著你一個人的意思去安排，你想要拿到一副更好的牌，別人又何嘗不是，當你回手打出另一張牌，想必別人也準備好換牌了。在牽一髮動全身的因緣作用下，重來的人生有可能非但不如你的預期，反而在私欲交相衝突的硬仗下，使你的人生變得更加不堪。

痛定思痛吧！無論過去的人生是怎樣的一種人生，那都是你既獨特且眞實的人生，若沒有那段曾經教你刻骨銘心的經歷，就沒有如今讓你懂得後悔的智慧；而這個智慧，不是用在「自掘墳墓」，是爲點醒你「重新活過」的機會來了。

還不到生命買單的時候，只要你的心未死，不管是在人生的哪一個階段，隨時都可以展開更上一層樓的行動。

人生不必重來，更好的人生，其實一直都在等著你跨出勇敢的腳步。

有一種禮物，不要收，也不要送

人在遇到生氣暴怒的時候，常常會口無遮攔的語帶辱罵；殊不知，辱罵正是使人情緒波動、火上添油、氣上加氣、不能自抑的最大禍端。

爸爸在客廳裡看電視，本來坐在一旁地板上一起玩積木玩得好好的兄弟二人，忽然大吵起來，互罵對方是笨蛋、大笨蛋、超級大笨蛋。

爸爸被不斷升級的辱罵聲干擾到抓狂，頓時怒吼道：「兩個人都給我閉嘴！像你們這樣罵來罵去，要罵到什麼時候才會停止？如果你們在第一次互罵後就停止，就只是一個小笨蛋，但現在是很多的大笨蛋加在一起，變成了超級大混蛋，這樣有比較爽嗎？」

辱罵只會招來更多的辱罵，跟讚美會吸引更多的讚美是一樣的，緣自「同性相吸」的原理。當別人第一次開口罵了你，你立刻反罵回去，表示你自願收下了那份禮，所以你才會想要回禮，但別人對你的回禮並不滿意，乾脆加碼再送你更大的禮；於是，令人感到粗鄙不堪的禮物就在彼此之間不停的增大包裝、送來送去，等送到心裡再也接納不下時，肢體衝突就很自然的成爲了解決紛爭的手段。到了這步田地，除了自尊受傷以外，恐因觸法，衍生刑責和賠償的問題，甚至是造成身殘和命危的不幸。小不忍的後果，極可能是大失血的結果。

負面情緒在反覆不停地刺激下，不但得不到發洩，反而會變得更爲激烈，我們應該要採取的第一個動作是「踩煞車」，不教事情發展到難以收拾的地步。第二個動作是「拒收」，拒收不是先收再退，是不論對方隨口送來什麼，我們都笑笑的回絕說：「不好意思，您送錯地方了，這裡沒有這個人。」

換到另一種情境來模擬，當你走在路上，遇到一隻野狗擋在前方，牠不僅狠瞪著你，還齜牙裂嘴的朝你狂吠，你很生氣，不經大腦就用人類的幹話反擊回去，可惜牠聽不懂你的語意，但看得懂你的焦慮，吠聲開始變得又急又兇。你下意識覺得自己被一隻野狗兇很沒面子，應該嗆吼回去，不自覺竟學起狗吠回應，牠大聲，你比牠還大聲。吠吼聲引來群衆圍觀，你當下的思考模式只有「輸不起」，輸不起的意念使你愈加心急，忘了自己的嘴臉幾乎就要和野狗一樣了。不，你原始的精神層次跟野狗完全不一樣，是因爲生氣才造成了混亂。一切來自外界的辱罵聲，再怎麼令人難堪、再怎麼叫人不悅，都不過是狗吠一場，有必要一一吠回去嗎？當你把所有的辱罵都看成狗吠，你就不會因爲被狗吠而覺得丟臉了。

會生氣的原因，除了受到辱罵，還有被責備、被譏笑、被出賣、被忤逆、被玩弄、被詐騙、被汙衊、被誤會、被拒絕、被輕視、被放鴿子和遇到自以爲是的偏執份子等等。且不論是哪一種原因，都不可以放縱憤怒的情緒持續；你要知道，那個造成你生氣的原因，其實已經過去了，再生氣也無濟於事，你又何必強留這份你不需要的禮物，然後不斷地想要送出回禮來遭踏自己呢？

再者，喜歡生氣的人，睡眠品質一定不好；睡不好，肝火就旺盛；肝火一旺，臉色發黃，生命的朝氣就不見了。所以，不生氣不等於放下恩怨情仇，就只是不要爲了動怒反讓自己受折磨、損智慧。

最後，人若一直活在「火氣」中，人生縱有再多的建設也會被燒成一片焦土。學習控制脾氣，教活著的每一天，如同日升日落一般，升起的是朝陽（活潑奔放），落下的是餘暉（收斂鋒芒），至於那午時的熾熱，是爲要供給生命養分，不是施行玉石俱焚的毀滅。

不生氣，反能使體內的血氣保持平順，氣順了，運就通了，命就長了，這是來自老祖宗的經驗，不可不信。

有勇氣被討厭，更要有能力被喜歡

《被討厭的勇氣》這本書是日本作家岸見一郎的暢銷著作，乍看書名似乎覺得怪怪的，儘管渲染力十足，內容也寫得超級棒，但對於某些不明究裡的人來說，難免會因爲自我認知上的偏差而有所誤會。岸見一郎告訴讀者說，取這個書名並非要你去做一些「惹人討厭的事情」，而是「不要害怕被別人討厭」。

「不要害怕被別人討厭」的前提，必須是「不做惹人討厭的事情」，也就是你所做的事情要經得起檢驗，是與人有益、不怕被公評的。但有哪些事情是會惹人（或自己）討厭的呢？作者並未一一詳述。只好自行列舉，順便當作提醒。

一、太固執，固執到屢勸不聽。

二、太自卑，自卑到屢扶不起。

三、太膽小，膽小到拖累全體。

四、太可惡，可惡到人人喊打。

五、太霸道，霸道到唯我獨尊。

六、太自大，自大到目中無人。
七、太善良，善良到沒有原則。
八、太有才，有才到搶人風頭、招人嫉妒。
九、太會做事，會做到令人倍覺威脅，形同排擠。
十、其他尚有，太愛叨唸、太愛管事、太愛作主、太多意見、太過死板、太沒禮貌、太不合群、太過任性與放肆等等等。

上述這些會惹人討厭的原因，除了善良、有才和會做事是屬於正面的以外，其他全是負面的，被討厭是活該，若還大言不慚的說什麼有勇氣被討厭，只會更加地被人討厭到極點。

出於正面的理由而被人討厭，那個會討厭你的人的本質一定是負向性的，本來就不必刻意討他的喜歡，你只須看開、想透，幹嘛需要勇氣！根本的問題乃在於，你一直分不清楚什麼事情才叫做「正面」，稍微受到外界的指點、批評就導致判斷失常，從而懷疑自我，以爲他人的討厭是來自於己身的不對，故此，你的勇氣是要用來堅定自我意志，才不是爲了抵擋外面那些阿猫阿狗對你的愚弄。

因爲做了正確的事情而受到帶有負向本質的人所討厭，相對來講，應該也會受到具有正向本質的人所喜歡，只要有人因此喜歡你，而且是多數人喜歡你，就證明你所做的事情是對的。當然，做讓多數人喜歡的事情不見得能讓你獲得實質的利益，甚至會對你造成阻礙，好比，想強出頭替同事們向公司爭取法律保障的權利，但這麼做肯定會得罪高層主管，這時候的你，缺少勇氣就不行了。至於這麼做是否值得，就看你是視不被主管討厭比較重要，還是被同事們喜歡比較重要。

受多數人喜歡的事情也不一定都是對的，因爲人性是很自私的，倘若你高居決策者的位子，你要考慮的就不是受不受人喜歡的問題，而是事情一旦拍板定案，能否對整體創造出永續的價值，卽使犧牲眼前利益也在所不惜，這樣的話，勢必會被衆人討厭，假如你沒有承擔的勇氣，你就不具資格繼續坐在那個位子。

岸見一郎認爲：「所謂的自由，就是被別人討厭。有人討厭你，正是你行使自由、依照自己的生活方針過日子的標記。」因爲害怕被討厭，所以總是活在別人的期待之下；因爲擔心不被認同，所以寧可討厭自己，也要跟著媚俗。正因爲如此，所以不得自由，彷彿自己的人生全是爲了別人而活。

是的，沒有人不渴望自由，不自由、毋寧死，可見自由對生命而言，何等重要。但岸見一郎也提出了對於人際關係不可切割的關鍵看法，換言之，除非你能徹底切割所有的人際關係，否則你不可能得到完全的自由。於是，在切割不了人際關係的情形下，就只能鼓起勇氣，頂著被討厭的風險，儘量按照自己的意思過日子，求取比不自由多一點點的自由。

按照自己的意思過日子，不在乎別人的期待，不在意別人認不認同，就僅僅是這樣的自由，就一定活得比較快樂嗎？就算你有勇氣被討厭，在離不開人際關係的同時，是否有能力凡事靠己就可以，另有骨氣不去對別人抱持期待呢？既然你有勇氣被討厭，難道不能將勇氣轉化成實力，用能力去改變別人對你的期待，即便對方不會因此而喜歡你，也要被你那不可忽視的能力所折服，那才是實實在在的自我認同，也才能從中得到眞正的自由與快樂。其他的，只要是無法維持長久，刺激一來，心即波動，說什麼勇氣，談什麼自由，都是假的。

結論似乎漸漸明朗了，活在世上，面對錯綜複雜的人際關係，沒能力改變的時候，我們要有勇氣被討厭，這樣才能替自己爭取到喘息的空間；有能力去改變的時候，我們要勇敢的被喜歡，這樣才能爲自己創造出獨特的價値。

有勇氣被討厭，其實是不得已；如果有能力被喜歡，又何必非要惹人討厭呢！最起碼，你要找到一個充分的理由，被自己喜歡，然後，當你再度面對被討厭的情境時，很自然就不會再害怕了。

自我進化的三個層次

如果把一粒老鷹蛋放進一堆雞蛋當中一起孵化，小鷹還有機會成爲老鷹嗎？勵志專家告訴我們說，當小鷹抬頭看見老鷹在天空遨翔的雄姿時，必然會鼓動體內天生屬鷹的既有潛能，興起想要展翼的念頭，藉著一次又一次的努力振翅，終有一天可以飛離雞群，成爲自己本來應有的樣子。

專家進一步提出說明：「當你不滿足當下平淡的生活，開始厭惡現在的生活方式，期望享受新樂趣，盼望嘗試更富有創造的理想生活時，請看看小鷹的成功，從中你可以得到啟示。每個人都具備著像老鷹一樣突破生活格局的潛能，只因置身在養雞場，自以爲是不會飛的小雞而忽略了。當你有冒險意識，勇於探索和實踐，你的潛能才能發揮出來。」

每個人都具備突破的潛能，不必專家提醒也知道；關鍵在於，在你分不清自己到底是鷹還是雞的時候，要如何發揮？萬一你是雞，努力發揮雞的潛能，可以讓你登上雞王的寶座，但你偏偏認爲自己是鷹，日夜學鷹振翅，不但無法變成老鷹，連本來的自我面目也失去了。

另外，你爲何會厭惡現在的平淡生活？就因爲看到別人在天上飛，所以也想跟著飛？然後就認爲自己一定也能飛！先不說你要如何成就飛天的本事，你看到的只是老鷹在雲端盤旋的威風表面，對其在野外必須自食其力的殘酷環境，可有了解？憑什麼認爲，鷹的生活一定比雞好？

還有，即便你肯定自己是鷹，那你須要學習的絕不只有飛而已；當你眞的會飛，不再回頭吃雞的飼料，你懂得運用掠食的技巧來塡飽肚子嗎？單單會飛又有何用，取回鷹的外表，卻沒有鷹的內涵，鐵定比雞死得還快。

是鷹，是雞，無須憑靠他人的催眠來決定；你可以懷抱雄心壯志，但也要能認清現實，掂好自己的斤兩。飛是第一步；第二步是變身了以後，要能活得比現在還要得心應手才行；第三步則是清楚的知道接下來要飛往何處，哪裡才是眞正安身立命的所在。

總而言之，發揮潛能，不能只是耍嘴皮，雖被激勵，但方向錯誤，終究還是一場徒勞。你當然可以成爲老鷹，只要你能確認自己眞的長有一雙老鷹的翅膀。

當激勵達不到預期的效果時，專家又會告訴我們說：「要相信自己，才能成功。」這就好比攀登喜馬拉雅山，我相信我可以，但我需要的裝備在哪裡？沒有裝備，只靠相信，要如何成功？因爲每個人的基本條件均不同，所需要的裝備也都不一樣，所以，很難講出一套標準的套用模式。

所謂的「相信自己」，雖說是一項不可或缺的成功心態，但要能臻至成功的實際狀態，你必須先從自我進化的三個層次做起，也就是「認識自己」、「督促自己」和「改造自己」；接下來才是「相信自己」、「肯定自己」、最後「超越自己」。

人生短短數十載，展翅上騰是一種選擇，安於平淡也是一種選擇，無論是哪種選擇，皆具有相同的生命格局，不見得哪一種比較好。先要能擁有一個寬廣的心態，再透過自我進化三個層次的完成，並懂得在適合自己的領域中發揮潛能，擴展前途才不會有障礙。

你是鷹，還是雞，何必傷腦筋！如果你眞的具有老鷹的本質，等在雞群中登上了雞王的寶座，證明你比雞還強，再來考慮是否要成爲老鷹，都不遲。

自我療癒，活出全新的自己

人在世上活著，不可能不生病、不受傷、不衰老，總有肉體軟弱、心靈空虛和精神萎靡的時候；所以，生命必須透過一種「療癒」的機制，來幫助我們恢復或前進到更好的狀態。

但是，當外力無法成爲我們的幫助，甚至是形成傷害的主因且難以排除時，唯一還能激勵我們有勇氣活下去的，就只剩下「自我療癒」一個方法了。

面對生活中來自沉重壓力和感情失序的各項挑戰，常使我們在心理上感到十分疲憊，想重拾內在力量與回復身心靈原有的平衡，就必須懂得自我療癒的技巧，讓它成爲一種能夠改變現狀的強大能力，幫助我們突破困局。

關於自我療癒的技巧，可概分爲三個方面來學習——

一、保持良好的健康。身體和心理健康之間有著密切的關聯，身體要先能保持健康，才有實現療癒的本錢，因爲，一般人是很難做到在病苦當中還能樂觀以對的。這包括養成良好的飲食習慣、配合適當的運動和避免不良的生活習性。身體健康了，等於打下了堅固的基礎，這樣才能專注於改善心理健康，增進我們應對挑戰的智慧。

二、擁有正確的心態。一個樂觀積極的心態，能使我們不畏懼生活中的逆境，時時懷抱對自己和他人的慈悲和理解，認眞且不偏差地看待自己的過錯和失敗，不致一味的把自己推進負面的情緒中，不僅有助於我們自己的成長和發展，更能促進人際關係的和諧。

三、學會放鬆和冥想。當精神長期處在疲憊和煩躁中時，很容易使我們感到憂鬱及愁苦，因此，學會放鬆和冥想是非常重要的。要能達到放鬆的效果並順利進入冥想的世界，必須透過靜心來輔助，心若不安、不靜，代表精神仍處於極度緊繃，想放鬆是不可能的；無法放鬆會使人的腦識愈趨僵化，傾向偏激、固執而不知變通，因爲被負面能量充滿，所以，不管怎麼思量，都產生不了幫助。較簡單的方法是，練習「氣」的吐納，將呼吸一直維持在非常和緩與平穩的狀態，並可藉由瑜伽等適當的有氧運動讓體內的氣血順暢，使神經傳導的速度放慢，這麼一來，便能將注意力集中，減少心理壓力，啟動內在的療癒機制。至於冥想，絕非是天馬行空的亂想，也不是非要想些什麼不可；「冥」這個字的字體組合，像是把「日」（光明）和一個「六」神無主的人放在同一個牢房下，當我們的心與外界的紛擾阻隔時，看似被閉鎖起來，反能將六神集中於光照之下，重新看見希望。因此，冥雖然代表「幽暗」，卻又意味著置之死地而後生的逆向思考，只要將所有會對人生帶來不好影響的人、情、事、物，全部斷、捨、離、棄，生命就能擺脫黑暗的綑綁。

其實，無論在生活中會遭遇到多少令我們感覺難過及憂傷的事故，都無礙於我們開發出讓自己覺得開心和愉悅的理由，例如閱讀、旅遊、與朋友交往、做自己喜歡的事情等等。只要學會啟動自我療癒的機制，不管是誰，也不分他的境遇有多麼的糟，皆有機會活出全新的自己，找到獨特的、美好的人生意義。

你的選擇，有得到你想要的嗎？

有一名急著想出名的魔術師，四處在街頭尋找乞丐，誘惑他們跟他玩一種猜猜看的把戲，並將過程拍成影片PO上網路視頻，吸引許多人關注，一時聲名大噪。

魔術師會先拿出一張千元紙鈔和一枚一塊錢的硬幣，秀給乞丐看，然後分別握在他的左、右手掌心，接著背手向後隱藏約三秒鐘，再向前平行伸出，請乞丐在兩手之間作出選擇，選中哪一隻手，就可以拿走裡面的錢。

魔術師走遍各大城市，和他玩過這套把戲的乞丐不下百人，從來沒有人拿到過一千元，整個過程也看不出作弊，但就選中機率爲零而言，實在是令人佩服。直到魔術師遇到一位老乞丐，才終於破功。也不能說是破功，是魔術師被老乞丐過人的智慧給折服了。

魔術師要老乞丐選要哪一隻手，老乞丐不加思索用自己的右手掌包覆住魔術師的左手拳頭，然後說：「我選好了。」

魔術師按照慣例再問一遍：「你確定你選好了，不要換？」

老乞丐笑著回答：「我非常確定，只怕你不確定我的確定！」

這個魔術師的專長不是讀心術，讀不出老乞丐話中的涵意，隨即打開了他的右手掌心，現出千元鈔票，並拿在老乞丐的面前搖晃著說：「恭禧你！你今天多賺了一塊錢。」

只見老乞丐舉起左手飛快的抽走了那張千元鈔票，說：「我果然選對了，這一千塊錢是我的了。」

魔術師一方面對老乞丐的賴皮舉動有些腦怒，二方面發現老乞丐竟還握著他的左手拳頭不放，便問說：「你這是什麼意思？」

老乞丐這才鬆開手，並笑著說：「我伸出右手緊握住你的左手拳頭，不表示我選的就是你的左手。更何況，你只是要我選，又沒限制我用什麼方式選。『包握不放』的意思是，我不希望它被打開。換言之，我心中選定的，當然就是你的右手嘍！」

魔術師有如大夢初醒般的哇哈一聲，說：「哈！總算讓我遇見鬼了！輸你這一千塊錢，我心服口服，收下吧！」

故事尚未結束；老乞丐把錢收好，順便整理東西打算離開，不禁讓魔術師覺得有些納悶，便問他說：「噫！你要去哪裡？現在時間還早，爲什麼不繼續你的乞討工作？難道你不想獲得更多別人施捨給你的金錢嗎？」

老乞丐換上一件乾淨的衣服，戴上一頂鴨舌帽，看了一眼魔術師，轉頭面向對街一間小酒館，然後說：「你說的對，我是可以繼續待在這裡乞討到更多的錢，但一直以來，我每天都以一千元作爲收入的目標上限，當目標達到，我就收工。收工後，我就不再是乞丐，我也能在知足的範圍內過我自己想要的生活。」

這個故事，提供了我們兩個很好的人生觀點：

一、面對選擇，我們總以爲自己的主觀是正確的，結果得到的，卻不是我們心中想要的；而那個被我們認定不對的，才眞正是我們夢寐以求的。有時，嘗試跟自己的決定反著做，也許更有機會達成目標。（例如跨入令自己覺得困難和不擅長的知能領域去學習）

二、朝向目標，持續努力是應該的；適時停下腳步，放鬆心情也是必要的。收工後就不再是乞丐；不收工，我們也只是換了一種不同的勞動方式去向世界乞討罷了！我們的心，其實一直都是乞丐。

當世界向我們伸出兩隻拳頭時，我們總是怎麼選都選不中我們想要的那一隻，原因何在？老乞丐說：「你之所以每次都選不中，那是因爲你貪圖的意念早被洞悉；如果你可以反著選，選你本來不想選的，眞正的人生轉捩點就會出現了。」

選左或選右？一旦陷入僵化的模式，別人一猜就猜中你的心思，你的人生得到的會是一塊錢，還是一千元，就只能任人擺布了。

你是待宰的火雞？還是正在被電擊的猴子？

有一群被飼養在農場裡的火雞，農場主人固定會在每天上午11點左右前來餵食，日子一直過得十分安逸。

衆多火雞中有一隻特別聰明，牠一直在觀察這個現象，整整一年都沒有例外過。於是，牠認爲自己發現了一個屬於火雞王國的偉大定律——「神」會準時在每天上午11點爲牠們帶來食物。爲此，牠打算在感恩節的早晨向所有同胞們公布這個定律，並決定日後要定期舉辦敬拜大會，感謝神的恩典。

到了感恩節這天的上午11點，被火雞族民視爲「神」的農場主人準時走進雞舍，但很不尋常，主人並沒有爲牠們帶來食物，而是拿著刀子，一隻一隻的割開了牠們的喉嚨。牠們何曾想過，自己有一天會被屠宰！哪裡知道，從前之所以能夠每天吃飽、吃肥，是因爲人類已經打算好了要吃牠們的肉來歡度感恩節。

有限的經驗，尤其是持續了一段很長時間的不變事實，很容易被視爲「定律」；而這個被視爲是定律的事實，會讓人停止繼續觀察，放棄深入研究，導致迷信盲從，最後任人擺布、陷入危機而不自知。

再看一個故事。

科學家抓來一群猴子關在大型籠子裡，正常供應三餐，但會在每天早晨六點的時候，對牠們進行電擊。

電擊的力度雖不致於造成傷害，但足以令猴群驚慌失措，整夜都因擔心被電擊而無法入眠。猴子們開始出現躁鬱的臨床反應，日漸消瘦，有幾隻甚至生病了。

猴群中有一隻與眾不同，牠一直在注意這個過程，儘管電擊的當下感覺很痛苦，且從未停止過，但那不過是短短幾秒鐘的事情而已。既然逃躲不掉，一味害怕又有何用，就因爲那眨眼即過的恐懼，把其他可以自在快樂的時間也一併犧牲掉，未免太不值得！於是，牠不再坐立難安、東跑西撞，每天早晨將近六點時分，牠會先待在一處靜候，等電擊一結束，立刻一躍而起，開開心心地去享用早餐，投入新一天的快樂生活。

最令牠意想不到的是，牠得到了一條香蕉作爲獎勵。

其他猴子對發生在牠身上的事感到不可思議，正疑惑時，親眼看著牠被科學家捉出籠外帶走，紛紛嚇到縮成一團，並得出結論——牠，死定了。
科學家不再對猴群施行電擊，甚還每日提供香蕉；奇怪的是，沒有一隻猴子敢拿來吃；因爲，牠們一致相信，只要吃了香蕉，下場便是，死。
猴子們其實並不了解，那隻看起來是被魔鬼捉去行刑的同伴，非但沒有死，還被送入野生動物保護園區，重回自由之後，比起以前活得更快樂了。
狹隘的共識，尤其是經過衆人眼見的確信，很容易被當作「定論」；但這個定論的完整性似乎不足，它並不是一個從頭至尾的親身經歷，也不過就是眼見爲憑罷了！當片面的認知盡皆形成定論時，人生就會走入失控的狀態；因爲誤信，從此失喪了智慧。
佛陀也講過定律和定論，差別在於，佛法中的定律是「生、住、異、滅」，所有不變的事實到最後，還是會變的。佛法中的定論是「無常」，一切的確信都只有暫時，隨時都可能出現意外的轉變。
唯變不變，宇宙中只有這個一直不停在變化的道理是眞理，發生在個別短暫生命中的任何事件，都只是因緣巧合的瞬間呈現，再怎麼篤定，也不能當成永恆的答案。否則，生命就會在以爲諸事不變的麻木中，活得迷離顚倒。

明白了這個法則，我們才能在順境中不致迷惘，逆境中避免狂亂，變與不變，喜樂或煩憂，皆有一套安頓身心的應對之策，這才是值得奉爲人生圭臬的不變眞理。

別讓好意成爲他人的負擔

相信許多人都曾經有過「好心被雷親（台語）」的經驗，爲什麼人家對你的好意不但不領情，反要以「雷親」回報你，親得你滿腹不是滋味？

扣除本來就「不知好歹」的人以外，大部分的人在面對「好意」的時候，如果遇到你是以你個人的主觀意識所提供的好意時，因爲他並不需要，對他而言，就不算是好意，反倒成了一種負擔；一方面不好意思拒絕你，二方面又不想讓自己添麻煩，兩面都爲難；然後，無奈的情緒就會轉化爲無心的話語來回應你，叫人聽起來，彷彿像雷親。

有一位母親，雖然沒了老伴，但衣食無缺，有兒女奉養；按照常理，應該可以安享晚年才對，可她一天到晚愁眉苦臉，淚眼婆娑，因爲她覺得兒女們對她的態度不佳，總感到自己不受尊重。

跟小兒子同住的時候，閒著沒事，好意幫忙整理家裡。整理就整理，打掃乾淨就可以，沒人叫你把東西大搬風；但她老人家依著自己的意思、照著自己的習慣，認爲哪個東西應該要放在哪裡，幾乎將所有的物品都做了重新定位，本以爲她的好意應該會獲得感念，不料卻觸怒了媳婦當家作主的神經，破壞了這個家原有的生活習性，這下子，衝突來了。

媽媽對兒子說：「我是看你們上班忙，沒時間整理，才好意想要幫忙，你不覺得現在這個樣子比較好嗎？這才像是一個家嘛！」

媳婦對她老公說：「你媽的好意我心領了，但請她搞清楚一件事，這是我的家，東西要怎麼放是我的事，不須要她多管閒事。如果她再這樣，看你是要她搬走還是我搬走！」

媽媽搬走了，搬去和大女兒住，可仍舊不改放送「好意」的習慣，還好大女婿不計較，總說只要她高興就好。但就因爲她太高興了，好意也跟著升級，常常買些她自己認爲不錯的東西回來，對大女婿說：「吃啦吃啦！朋友介紹我買的，聽說很好吃喔！還有那個跟這個，快打開來吃吃看！」

大女婿對那些東西不感興趣，但又不好意思推辭，只好無奈的說：「我現在不想吃，如果妳要送人可以拿去送人，要不然就先放著，不用一直催著人家吃啦！」

她的好意被潑了一盆冷水回來，隨即略帶不悅的口氣說：「免免免，放著就放著，不愛吃，多得是人愛吃。（當好意得不到善意的回應時，不自覺講起話來，不是帶刺、就是酸溜溜。）」（大女婿在心裡OS說：「妳每次都是直接要我馬上吃，搞得好像我非吃不行，妳才會高興，可我就是不喜歡，但我能說不要嗎？我也是不想失妳的禮才好意這樣回答的呀！哼！既然有別人愛吃，那就拿去給愛吃的人吃呀！不要放在家裡占地方。」）

有一次，二女兒全家來玩，她知道二女婿每次來都會固定要吃某一家店賣的豆花，這是已經知道的事，她偏偏去買另一家店的豆花，還半強迫的要二女婿吃看看，說這家店賣的豆花不輸給那一家。二女婿的脾氣比較硬，甩都不甩就走了出去，讓她碰了一鼻子灰，還被大女兒唸了一頓，害她又氣又怨又傷心了老半天。

再來，她非常愛管事，明明自己不太懂、不了解，卻老愛出意見，尤其是看不慣兒女對孫子女們的管教方式，總愛自作主張的對著孩子們碎碎唸，說是出於一片好意。唉！好意歸好意，孩子們漸漸大了，聽了不爽，誰理妳。（長輩們常常會覺得晚輩們沒禮貌，應話沒大沒小，也不想想，若不是你依老賣老、動不動就擺出一付要教訓人的樣子，晚輩跟你撒嬌討紅包都來不及，又怎會給你臉色看呢！）

於是，就在凡事都帶著好意的狀態下，疏遠了彼此的距離，有人生氣，有人哭泣，這還怎麼能夠一起住下去！

以上這個例子，也只是出現在實際生活中的百千案例之一，當你堅持他人非接受你的好意不可時，尷尬就來了，猶如買了一鍋人參雞湯送給吃素食的人說：「你太瘦了，應該多補充營養。」一樣，表面上雖然不得不對你微笑道謝，肚子裡卻是討厭你討厭到死。

人與人的相處，眞是一門大學問，放涼嘛，人家說你冷漠；熱火嘛，人家說你燙手；應對進退之間，不是失了自己的意，就是失了他人的意，哪怕全是好意，最後都變成了彼此的不如意。

心存好意是對的，但要注意，千萬別讓你的好意成爲他人的負擔，莫教他人的無奈傷害你的感情。如果你想做些什麼，就做別人想要的、需要的，其他的，不要多管事、不要多操心、沒問你的意見就當作沒聽見、更不要替他人作主，在自己樂得輕鬆的同時，對方也會樂於與你相處。

即使許願可以成眞，也要隨時作好準備

有一間瀕臨倒閉的冰淇淋專賣店，眼看就要在門口貼出「頂讓」的大字報時，店主突發奇想，決定再推出一款不僅噱頭十足又十分吸睛的冰淇淋，做爲結束營業前的最後衝刺。

這款定名爲「許願冰淇淋」的新產品，其實也不過就是將既有口味重新搭配組合，另外加了新鮮草莓、藍莓和黑、白巧克力碎片以及造型餅乾等作裝飾，外觀雖然華麗，並不能叫人一吃就上癮；獨有一項設計，會令人爲了挑戰自己的智慧高度，無形中生出想要一吃再吃的購買欲。

店家找來製作紙盒的廠商，在每一個裝盛冰淇淋空盒的內底打印上一個謎語，並透過網路社群媒體大肆廣告，宣稱只要能夠猜中謎底，便能許下一個願望，助你美夢成眞。

人性就是那麼奇怪，明知道這只是個噱頭，不可能是眞的，偏偏又抵擋不住潛在的欲望，妄想自己也許就是那個萬中選一的幸運者，再加上一顆想與別人較量聰

明的虛榮心，就算吃進肚子裡仍是一樣的東西，還買得比以前貴也沒關係。

隨著一勺一勺挖空冰淇淋，盒底的謎語逐字顯現，美不美味已是其次，令人迫不及待的是——「我拿到的這一盒，會是怎樣的謎語呢？說不定我就是那個猜中答案的天選之人，該許下什麼願望才好呢？」

這股猜謎許願的旋風，或許是因爲太難解答，剎時襲捲了人們的日常生活，每個人都在自己的手機群組裡傳訊討論著，究竟某個謎語的答案是什麼？

這個設計最厲害的地方就在於，它不提供正解，只說如果你在解題後，願望眞的實現，那個答案就是了。因爲，能讓你許願成眞的是神，而不是店主，只有神能決定什麼答案才是最正確的。

有一個中年男人，禁不住好奇，自從買了第一盒冰淇淋之後，彷彿鬼迷心竅，接連又買了不下數十盒，扣除一些根本看不懂、完全摸不著邊際的謎語，挑選出幾個他認爲比較有可能猜對的，日夜思索，一邊解答，一邊許願，想像著人生就要從此改變。

謎語如下——

「無中生有，有了變多，多生更多，又歸於無。」
「路不管走多遠，都不會跌倒。」
「要嘛什麼都有！要嘛什麼都沒有！」
「每個人都想要，但沒有人要的到。」
「來的不好，好的不來。」
「一個一角，十個五元。」
「生卽有之，死亦隨去。」
「燒三支香，得保佑；燒萬支香，得肺癌。」
「策馬越中原，關前滑一跤。」

某天，中年男人在筆記本上寫下「每個人都想要，但沒有人要的到」的解答：「長生不老」後，忽然間昏睡過去，並在恍惚中看見一位貌似仙翁的老人對他說：「你許的願望，我聽見了，但你說你想要一個比現在更好的人生，令我覺得爲難。請問你所謂的『更好』要如何界定？比如說，你現在有一塊錢，我再多給你一塊錢或是一億元都算更好，你要哪一種更好？你考慮的時間只有一分鐘，時間內不能確定，願望就會自動失效。」

男人在倉惶之下毫無準備，就隨口回答說他要一億元，便立刻有了一億元，但由於他事先並沒有對擁有一億元該如何使用做好規劃，促使他從原本「沒有」的苦惱，一下子落入到另一種「有」的煩惱，不僅在很短的時間內就將一億元花光不剩，甚還冒出許多爲了「借或不借」和「該花或不該花」的問題與朋友及家人發生口角、心生嫌隙。錢沒了就沒了，可他的人生在失去更好之後，竟然比以前覺得不好的程度更糟糕。

人是不是可以越活越好，從來就不是實現了哪個願望就能達成的；雖然我們總想解決人生的許多難題，也無法得知神的恩典會不會降臨，但要怎麼活，完全是依據我們的內心怎麼想。有時，太在意得到「更好」，卻不知自己並不具備相對於得到更好的條件，得到了那個更好就不會是更好，反可能更壞。

想要一個比現在更好的人生，乃人皆所願；前提是，你要先界定出「更好」的標準，才能腳踏實地一步步的去追求；即使許願可以成眞，你有無條件享受得起？比如說健康的身體、健全的心智和整體的共識。「沒有」有「沒有」的活法，

「有」有「有」的活法，人生過得快不快樂，有或沒有，固然會造成影響，但真正處於主導地位的卻是你的心，如果你就是你自己的神，無論面臨何種短缺的狀態，你絕對有辦法自給自足。

店主利用掌握人性弱點的巧思，讓瀕臨失敗的人生可以逆轉勝，搖身一變成了謎語背後的神，操弄著被吸引前來的顧客，這一點值得我們深思。花錢買冰淇淋不是因爲它好吃或自己喜歡吃或吃了對身體有益，純粹是爲了一賭用膝蓋想都知道不可能成真的運氣，那就是笨了。什麼該好奇，什麼不該好奇，分辨得清楚，並作好隨時可以迎接更好的準備，我們的未來才有可能活得比現在更好。

找出口，不要找藉口

人生過得好或不好，往往取決於他天生的條件、成長的環境、學習的機會以及貴人的相助。一個從小在貧民窟長大的孩子，他的人生有幾成機率，可以歡喜過日子？

有人說，上帝是不公平的，如果每一個來到世上的人都是罪人，爲何安排給每一個人的生存狀態會相差的如此遙遠？

儘管找不到答案，卻有一個觀點值得放在心裡——雖然我們不是這世上過得最快樂的前幾名，好在也不是過得最不快樂的後幾名，我們是在多數人群中，日子始終過得苦樂參半的其中之一；所以，我們沒有很幸運，也沒有很倒楣，能被納入平凡之列，也算是得蒙了上天的憐憫。

可是，沒幾人能認同「平凡」是上天恩給的憐憫，總是在日子過得不順心如意的時候，抱怨自己天生的條件不好、成長的環境不佳、學習的機會太少以及欠缺貴人的幫助，即使自己已經很努力、很勤奮了，還是很難跨越逆境。

於是，天生條件不好、成長環境不佳、學習機會太少以及欠缺貴人相助，便成了人生何以會過得不甚美好的藉口。當藉口以一種替代不滿情緒的形式出現時，猶如坐在一輛拋錨的巴士當中，明明發動不了，卻還一直氣忿的催促司機開快點，完全不曉得可以下車，用自己的雙腳走路去爭取時間，速度雖然慢了些，總還是繼續向著目標前進。

生活一旦陷入了坐困愁城的處境，一籮筐亂七八遭的藉口就跑出來了，短時間找不到出口，不代表沒有出口，藉口太多，反使心亂如麻，越亂越尋不著掙脫的門路。

「口」有三種主要的功能，進食、溝通和吐氣。吃進健康的食物幫助生命茁壯，透過言語使人際關係緊密，吐出胸腹中的廢氣讓精神煥然一新。但我們似乎都不是這樣使用它的，我們喜歡吃致病的精緻食物，喜歡說中傷彼此的惡毒言語，喜歡收藏一肚子的悶恨和怨氣。

「出口」意味著能量的流向，有時，並不是已經有一個「門」等在那裡，而是在前無去路的狀態下，想辦法集中精神，突破障礙，自行創造一個新的開口。「藉口」則彷彿是碎成了沙的石頭雕像，不僅再也找不回原來寶貴的面目，即使是在沙堆裡埋入種籽，一樣發不了芽。

當我們尚未成熟，心智有如瞎子摸象；當我們自認爲已經成熟，心智又變成了石膏蠟像。外在的環境，也許可以關住我們的身體，但限制不了我們在心態上建立起自由的天地。

凡事不找藉口，只找出口，人生還有很多的路可以走。

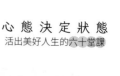

找回自己，比找出答案更重要

曾經有一位哲學家，從小在父親家暴的陰影下長大，他對母親爲何能夠忍受丈夫長期對她拳打腳踢，毫不顧念情分，仍不輕言離婚這件事，感到百思不解。

及至他成年結婚，因爲有了父親的借鏡，所以致力於維護夫妻之間的感情，看在外人眼中，無不羨煞他的太太，能夠嫁給一個如此優秀又如此疼愛她的老公。可是，她的妻子卻不懂珍惜，竟然跟家中的男司機搞曖昧，並趁著即將東窗事發之際，拋夫棄子，利用深夜與情人私奔，從此杳無音訊。爲此，他痛心疾首，怒問天地，人性到底是哪裡出了問題？

他決定閉門苦思，相信憑藉著一顆卓越的哲學家頭腦，必定可以找到原因。於是，他晝夜不停的伏案分析、反覆捉摸，經過了許多年，依舊找不出足以讓自已能夠接受的答案，得到的只有是更深的茫然與失落。

最後，他一把火燒掉畢生所有的著作論述，躺臥在萬般「看不懂」和「放不下」的傷痛當中，離開人世。

看不懂與放不下的人間事，何止千百，有時就算看懂了，也不一定放得下。既然如此，虛耗生命去追究原因，值得嗎？很多事情，也許眼前看不懂，經過若干歲月，說不定眞相就大白了；然而，當眞相大白了以後，有辦法回到從前嗎？可以當作一切都未曾發生過嗎？一頭鑽進死胡同裡，想找出不是答案的答案，老把一顆心懸在刀口上，何苦呢？

關於人性，不會因爲說我們是人，就絕對懂得人性；人性是詭譎多變、毫無章法可言、亦無律法可管的，只要它掙出了理智的柵欄，猶如脫彊的野馬，根本控制不住它的去向。一味哀嘆再也不能重頭來過的人生是無益的，惟有走出封閉的憂傷門戶，再次接納生命無常的洗禮，才能撫平滿是瘡疤的心靈。

當我們的心態萎靡了，所處的狀態勢必也跟著狹隘，你以爲是狀態逼人走入死路，其實是心態引你走上絕路。人力不可抗天，倘若那是命中註定，想得再多，也無濟於事。命運在走它自己的路，本來就不會順著我們的腳步，只管專注於呼吸自己的空氣，沒必要浪費精神去跟別人嘔氣，別人有他自己的一口氣，離開或留下，愛怎麼樣，由得他去！

當哲學家的妻子在遠方跟情人快活的時候，他因爲看不懂、放不下而虛耗了生命，連帶他的非凡思想也一併走入了死胡同，該想的事不想，該做的事不做，就只爲了找一個卽使是眞相也不會對他有任何幫助的答案，從此毀掉了自己的後半生。如果這也算是學問，不學反倒更好。

有限的人生若是爲了遊山玩水，走訪窮鄉僻壤，達到豐富見識的目的，當然是正面的，但不能養成凡事走小路的習慣，就算一時半時找不到開闊的大路，也要避免老往死胡同裡鑽。反正一切都有老天作安排，做回原本該做的事，過回原本該過的日子，找回自己，永遠比找出答案更重要。

走出苦毒，接受生命的洗禮

常常，我們喜歡對天說話，一再問著：「爲什麼是我？爲什麼會這樣？爲何我會如此命苦？面對沒有希望的未來，我該怎麼辦？」因爲得不到回答，只好任由困頓凌遲。

承受不起、撐不下去、看不到明天……，抱持這樣的心態活著，當然就只有倒下。

有一名婦女偕同丈夫、女兒住在一間貸款買來的小公寓裡，家中經濟只靠丈夫一人打拼，雖不富裕，但也和樂融融，悠哉過著小確幸的生活，從未想過天有不測風雲的時刻。

某日，丈夫毫無預警的突然昏倒，幸虧及時送醫，才能保住一命，但腦溢血的後遺症，導致暫時喪失語言能力和身體右半邊的行動力，需要長期接受復建治療，且不保證日後復原的程度。

面對此一重大打擊，不禁令她驚惶失措、嚎啕大哭，一直在口中唸著爲什麼、爲什麼？

家庭的支柱倒下，最大的壓力來源，還是經濟。沒了收入，再加上後續有如無底洞的醫療費用支出，有誰承擔得起！

如果未來是有盼望的，破碎的可以全部還原，那現在所遭遇的一切就還能用意志挺過去。可惜，未來像是一條看不見盡頭的黑暗隧道，沒有終點，叫人如何忍耐！

她不停地向著安慰她的人說：「這些事情不應該是我要去面對和處理的，我不懂、我不會、我不行、不要把問題丟給我，我什麼都做不了！」半身不遂、尚未眞正倒下的丈夫，坐在一旁猶十分勇敢的在妻子的淚眼中告訴自己要堅強，要趕快好起來，她卻早先一步受制於自怨自艾的苦毒，失去求生意志，宣告陣亡了。

同樣的事情發生在任何人身上，都是極爲沉重的，因爲這種事情不可能在沒經驗的時候就事先準備好因應的對策，如何安度難關，如何平撫恐慌的情緒，在在皆是人生的一大考驗，她的反應其實很正常，而且，値得同情。

話說回來，既然遇上了，除了硬著頭皮擔當以外，還能怎麼做？逃避解決不了問題，反將使自己陷入徹底絕望的深淵，甚至拉著身邊的人一同墜落。倘若連自己都不願意拉自己一把，一直死賴在地板上，卽便有人想幫忙也是幫不了的。

所以，在事情未至絕境之前，千萬不要因一時的怯懦就輕易放棄；你不會是這世上唯一受苦的可憐人，多的是比你苦上百倍的人，他們都能好好的活下去，你為何不行？

等待幫助的人是憂傷的、是軟弱的；等不到自己想要的幫助，更是令人灰心喪氣的。只不過，最壞的情況也就是這樣了。人一日不死，今天沒有辦法，明天也會有辦法的；卽使沒有辦法，還有奇蹟可以期待呀！哪怕眞的死了，一切也就結束了，又何必擔心呢？

佛用智慧告訴我們，煩惱卽菩提，也就是說，苦毒卽良藥。人若經過苦毒的淬煉還能重生的話，這個難得可貴的經驗，便要成為後人的指南方針，為別人帶來實際有效的幫助，減少絕望的呼喊，並替自己的人生，留下一頁光榮的戰史。

為什麼是我？因為我有資格成為菩薩，所以上天揀選了我接受考驗。也唯有經得起生命的洗禮，才有辦法寫下美好的人生故事。

苦毒卽良藥，吞下了，好轉就開始了。

走在人生路上，你是北風，太陽，還是旅人？

〈北風與太陽〉是伊索寓言中非常著名的一個童話故事，大意是說北風與太陽進行了一場較量，看看誰有本事能讓路過的旅人脫下斗篷。

北風自信滿滿的使勁猛吹，但吹得越猛，旅人越是把斗篷包得緊緊，眼看黔驢技窮了，只好咬著牙敗下陣來，換太陽上場。太陽未採行與北風同樣的蠻橫方式，僅僅是慢慢地散發熱力，旅人最後因受不了節節上升的大氣溫度而不得不脫下斗篷，結果是太陽比北風更勝一籌。（太陽如果一下子就將熱度拉高到炙熱的程度，反有可能使旅人擔心皮膚被灼傷，選擇不脫下斗篷。）

維基百科說：該故事的寓意是指——與其全力控制對方，不如放手使對方心悅誠服。也有人這樣解釋——在人與人之間的相處上，仁慈與溫和的說服，往往勝過強權威迫。

寓言故事的鋪陳，是作者針對他想要傳達的核心意義去設計的，但因爲故事中的情境只有單一種，故常常發生在現實中難以運用的現象。譬如，北風和太陽的比賽，如果比得的不是看誰能讓旅人脫下斗篷，而是加添衣物，太陽還有可能勝出嗎？換言之，仁慈溫和放在現實中，並不必然能使每一個人都心悅誠服，對於冥頑不靈的人，想要引他主動走回正途，恐怕得要使出北風的本領才行。若不然，菩薩永遠保持慈眉善目就行了，爲何仍有變臉成怒目金剛的時候？這豈不說明了，因人、因事、因地制宜，才是最恰當的做法。

太陽有太陽的本事，北風有北風的本領，本來是不能相互比較的，但在刻板的教育中，好像只有向太陽學習才是最好的，反使得有些本來具有北風本領的人，忘了自己也可以在某個領域內成爲贏家，以致到最後，退縮在自卑的角落裡黯然神傷。

另外，在現實的人際關係中，多半時候，我們既不是太陽，也不是北風，倒像是旅人，因爲那個決定要熱還是要冷的狀態，掌握在別人的手裡，我們只能依據變化採取「脫掉」或「穿上」的作爲來因應情勢。如果遇到炎熱的狀態反而穿衣，遇到寒冷的狀態反而脫衣，那是出自心態上的愚蠢，不是父母把你生成了白痴。

每一個人天生的個性都不盡相同，心腸的柔軟度也不太一樣，如果單用一種態度去對待所有的人，到頭來，吃虧的就會是自己。是以，古人在齊家、治國、平天下時，才會依著「恩威並施」、「兼容並蓄」的智慧來處事。

要同時兼具「北風」與「太陽」的本事並不容易，也許我們暫時還無法改變是一名「旅人」的身分，但不妨礙從心態上先做好隨時應對的準備——處在烈日下，仍然維持像是吹著涼風一樣的舒爽心情。駐足寒流中，依舊保有彷彿被煦陽照拂的溫暖感受。

我們必須認知，忽冷忽熱的狀態，交替出現在人生當中是一件無可避免的事，雖然我們都是旅人，但換個角度想，太陽代表永熱的狀態，北風代表永寒的狀態，唯有旅人可以同時感受兩種狀態，這未嘗不是一種在人生經歷上的幸福。

若想擺脫旅人永遠受制於外在狀態的命運，就必須讓內心發得出熱力，教雙手揮得去寒氣。而這個要與其較量的對象不是別人，就是我們自己。

事情總會好轉的

有一名中學生在週記上道盡了自己在面對父母激烈爭吵、家庭即將破碎的痛苦心情，隱約還透露了輟學的打算。

班導師私下約他談話，對他說：「老師看了你寫的週記，對於你現在所面臨的處境及痛苦，覺得很遺憾，也很心疼；但老師認爲，還不到下最後定論的時候，事情總會好轉的。」

學生明白老師是出於好意在安慰他，但老師是局外人，說的輕鬆，不可能體會得到他的眞實心情。他說：「老師你不懂！事情不可能好轉，他們離婚離定了。」

老師接著說：「好，就算你爸媽離婚這件事已經無法挽回、不可能好轉了，那也是他們的事情，爲什麼你要跟著放棄自己？老師說『事情總會好轉』，其中的好轉，指得不是別人的事，是關於你自己的事，你絕對可以好轉回來，你懂嗎！」

學生再也壓抑不住的激動大哭，一邊抽咽、一邊嘶喊著說：「我不知道，我眞的不知道自己還能怎麼辦？」

導師將他緊緊摟入懷中，開始輕聲講述自己的故事：「聽我說，當我年紀比你還小的時候，我的親生媽媽就離家出走了；後來，我爸再婚，雖然讓我有了新媽媽，可這個新媽媽對我並不友善，尤其是在生了與我同父異母的弟弟之後，兇惡的臉孔更加明顯。我每天都活得非常害怕，不知道她又會怎樣的凌虐我，日日以淚洗面，有時連隔天的太陽也不想看見，心想，要是就這麼一覺不醒，不知有多好！正當我灰心到了極點的時候，班上有一個女生在放學時主動來跟我說話，她說：『我一直以爲我們應該可以考上同一所學校，但我發現到你最近的成績突然落後了許多，我不想追問你原因，只是想告訴你，如果我們可以在同校就讀這件事也值得你期待的話，我希望你能繼續加油。』突然之間，我似乎找到了自己的人生方向，雖然目前的環境對我不利，只要我能把握時間，培養實力，總有一天，相信我也能創造出屬於自己的天地。你知道嗎！那個女生現在是我的太太，我們生了兩個可愛的孩子，日子過得很幸福。我們夫妻甚至勾指頭約定，這輩子誰都不許提離婚兩個字，曾經發生在我身上的悲劇，到此終結，我絕不讓我的孩子有機會去面臨相同的情境。」

學生聽著聽著，漸漸停止了啜泣，抬頭仰望老師和藹面容的同時，眼裡似乎閃現了一絲憧憬的光芒。

老師用雙手捧起學生的臉龐，輕輕抹去殘留的淚痕，說：「單看眼前的發展，與你有關連的這件事情也許不會好轉，但不表示你被拖下水以後，永遠都不會好轉。只要你的意志力夠堅定，讓自己的心態先好轉起來，再把難過的時間拿來充實自我，等你具足了能力，以後就不再是事情來影響你，而是由你去主導事情的轉變。老師希望你把一句話放進心裡：『人生最蠢的決定，就是放棄自己。』快打起精神來，老師願意當你永遠的後盾。」

人生總有許多無法預期、不斷變動的外在狀態，常使我們感到無助又無奈，因爲，那個事態的決定權並非操縱在我們手裡，甚至連選擇的餘地也沒有，該怎麼辦？

事情不可能好轉，當下的認知或許沒錯，單單來看，不好的結果亦是難以改變，但不妨礙我們另外去創造一個比那件事情帶來的不佳狀態的更好狀態，不是嗎！

好轉的起點，就是心態；「能」「心」合之爲「態」，只要我們的心能，則萬事皆能。

那名中學生在畢業典禮結束後，默默走回教室，並用粉筆在黑板上寫下了一句話作爲紀念：「我知道，屬於他們的事情是不可能好轉了，但屬於我自己的事情，我不但要讓它好轉，還要在未來變得更好。」

只要我們的心能，事情總會好轉的，這是眞的。

坦然面對自己的缺陷

沒有人不希望自己是完美的，但「完美」的定義是什麼？這個定義通常不是由自己決定，乃是根據世俗的眼光判定。當別人認為你不完美，你也就跟著這麼以為，因為你的完不完美，全然取決於是否能博得外界的讚美，如果無法成為注目的焦點，即便在你身上找不出任何缺點，你也不會覺得自己其實很不錯。

不完美，意味著有缺陷。有些人是生理上的缺陷，有些人是心理上的缺陷，同時具有外在及內在缺陷的人，也不在少數。基本上，絕對完美的人並不存於世上。所以，追求完美，頂多是在某一方面達到某種程度的完美，不可能是十全十美。另外，當你有某一部分很完美時，你反而更在意其他有缺陷的地方，即使只是那麼一丁點，也會被放大來看，進而影響心情，落入愁煩。

根據英國每日郵報的報導，身體的某些部位有一些「缺陷」，反而代表健康。例如：

一、在正常體重範圍內，腰部有些贅肉的女性，因體內雌激素較多，反而對骨骼有保護作用。
二、痣愈多，端粒體愈長，衰老就會愈緩慢，也就更長壽。
三、油性肌膚，雖然容易長痘痘，但很少出現乾燥、龜裂和皺紋，也代表皮膚眞皮組織細胞的再生能力比較強。
四、腿部粗短的人，骨骼直徑和骨質密度較大，骨骼更結實，進入老年後，骨質疏鬆發病率較低。
五、臀部大的人，皮下脂肪能產生促進新陳代謝的脂肪激素，有助降低二型糖尿病的風險。
六、耳朵大可以克服老年失聰的問題，因爲大耳蝸可收集的聲波面積更大，讓人聽的更清楚。
七、30歲前禿頭的男性，罹患前列腺癌的機率大幅降低，因雄性激素較高的男性易禿頭，但雄性激素有助降低前列腺癌的風險。
八、大鼻子吸入汙染物比小鼻子少6.5%，更能防禦有害病菌，得流感的發病率更低。

九、很多女性追求大胸部，但土耳其一項研究發現，乳房過大的女性更易脊椎彎曲，引起背部疼痛，如果大於D罩杯，背痛的危險會更大。

由此可知，被世俗看爲不完美的地方，似乎都有它不爲人知的益處存在，但我們對這些暫時無關痛癢的益處並不懂得感恩，彷彿只有具備吸引他人的魅力，才能爲我們的人生帶來愉悅。

倒不是說追求外表的美麗有什麼錯，而是先要有一個坦然面對缺陷的健康心態，在萬一達不到完美狀態的同時，還可以回過頭來對自己嫣然一笑。

至於心理上的缺陷，指得是無法保持正常人所具備的心理調節和適應等平衡能力，最常見的是「性格」缺陷和「情感」缺陷。

性格缺陷包括——無力感、不適應、偏執、分裂、爆發、強迫、癔症、攻擊等等。

情感缺陷包括——焦慮、抑鬱、疑病、躁狂等等。

這些缺陷呈現在人際關係中的狀態是——自負、孤僻、多疑、靦腆、自卑、干涉以及角色固執，造成情緒多變，與人難以相處，容易走極端。

1982年出生於澳大利亞墨爾本的力克．胡哲，出生時患有先天性四肢切斷症，導致雙手雙腳和頭部的形成不完全。根據他的自傳，當護士把他抱至他母親面前時，母親一度拒絕看他及抱他，但最終還是接受了這個事實，並將其理解爲「上帝對他們的孩子的計劃」。

及至上學，有些同學因爲力克．胡哲奇特的外貌，不斷欺凌和嘲笑他，令他感到非常沮喪，面對生理和心理上的巨大缺陷，好幾次崩潰的想要自殺，都沒有成功。17歲時，他的母親向他展示了一篇關於一名男子如何走出嚴重殘疾陰影的報導後，他才深深明白到，這世上不只有他一個人是殘廢，讓他重新燃起勇敢做人的希望。19歲那年，他鼓起勇氣打電話給學校，推銷自己的演講，在被拒絕了52次之後，終於獲得了一個5分鐘的演講機會和50美元的報酬，從此開啟了演講生涯的序幕。21歲順利從格里菲斯大學畢業，獲得商業學士學位，主修會計和財務規劃。

力克．胡哲經歷了尋常人無法想像的人生挫折與漫長的生命黑暗期，從失望到絕望再到充滿希望，從一無所有發展到一無所缺，還成爲有史以來第一位登上《沖浪客》雜誌封面的菜鳥沖浪客。對他而言，天生沒有四肢並不成問題，比如在哥倫比亞潛水、在夏威夷與海龜游泳，一點也難不倒他；其他像是踢足球、溜滑板、打高爾夫球等運動，樣樣都行。力克．胡哲有著一個最不被世俗看好且毫無轉變可能的外表，最後竟然跌破世人眼鏡，擁有了一個正常人再怎麼處心積慮也爭取不到的完美人生。

也許很多人會認為，力克．胡哲成功翻轉不完美人生的例子只是特例，為什麼是特例？理由不是力克．胡哲具有比我們更強大的潛能，而是我們在面對缺陷時的心態，比起力克．胡哲，更像殘廢。

假如，缺陷是上帝造人計劃的一部分，那這個計劃的目的只有一個——當你被計劃打敗，證明你是微不足道的被造者；當你勝過它並改寫了結局，上帝是不是眞的存在就不重要了，因為你的人生掌握在你自己的手裡。

坦然面對自己的缺陷，惟有如此，我們才有機會甩脫他人醜惡的目光，走出身心俱傷的狀態，為人生另開一扇完美的窗。

幸運不是幸福

幸福的定義是什麼？幾乎沒有具體的答案，不禁讓人以爲，要是人生能夠多一點點的幸運，就等於是跟幸福沾上邊了吧！

有一名婦人，她聽說位在南部鄉下的某間廟宇有提供幸運符給需要的信衆，非常靈驗，不惜舟車勞頓，前往參拜，並順利拿到兩張，其中一張給先生，希望他可以每天回家，少在外面鬼混；另一張給兒子，希望他不要一天到晚宅在家裡，趕快找到工作，順便沾些桃花，讓她可以早日含飴弄孫。

只不過，當她從皮包裡拿出那兩張幸運符的時候，竟發現有如複印一般，分不出哪一張是給先生的，哪一張是給兒子的？這才想起，在乩童作完法交給她的那個當下，應該要先做記號。

「沒差吧！還不都是幸運符，眞要靈驗，放在誰身上，該會怎麼樣就會怎麼樣，反正有神明作主。」她信心十足的不當一回事。

結果，幸運符的確非常靈驗，但出現了錯亂，先生不僅繼續在外面鬼混，還因爲投資股票大賺，包養了小三，偷生了孩子，索性連家也不回了。兒子則是足不出戶，整天粘著她討抱抱，比原來的情況更糟糕。

假如世上眞有靈驗的幸運符，它能爲我們帶來的，恐怕不是幸運，而是災難。先不談錯用的問題，人人皆有私心，向來不懂共好，當你手拿幸運符只求自己好，卻在無形中排擠到他人，你認爲行得通嗎？如果行得通，那就完了，因爲幸運符不只你想要，別人也想要，萬一他所欲求的，剛好也排擠到你，試問，誰該是幸運兒？誰又該是倒楣鬼？

所以，神明若是公正無私，祂絕對會公平的對待每一個人，無關靈不靈驗，是根本就不該讓幸運符這種東西存於世上，以免天下大亂。

其實，幸運符之所以能夠發揮一定限度的功效，並非來自那張被乩童畫上符咒的黃紙，或許有人曾經遇過靈驗的事蹟，那不過是漫天灑水，總會有一兩個本來就註定不會被淋濕的或然率罷了。意圖以外物驅動神鬼來助，純屬妄想，如果眞想利用交易的方式來達到目的，恐怕你要獻上的是靈魂，而不是金錢。至於是否靈驗，不在乎有無拿在手中，全然在於信念，惟有強大的信念，才能與周圍的磁場產生共嗚，進而改變不佳的運勢，化解橫亙的阻礙。

幸運這檔事，一切自有安排，可遇而不可求，若求就能得，那就不能稱之爲幸運。反倒是一些已經到手的幸福，因爲少了幸運的成分，只顧巴望著另有神蹟出現，到頭來，不但看不到幸運來敲門，連握在手中的幸福也跑掉了。

曾有一對相偕至英國留學的情侶，只有女生順利拿到博士文憑，回國後也如願找到一份在大學任教的工作，男生則是進入保險經紀公司擔任行銷業務。女生深愛著男生，認定全世界再也沒有比他更值得託付終身的男人；於是，他們結婚了，生活過得很單純、很美滿、很幸福。

男生的工作運一直不好，職場一個換過一個，幾乎沒有固定收入，索性聽從太太的建議，在家帶孩子，節省褓姆開支，靠著女生當教授的薪水，日子還是一樣能過。

壞就壞在，閒散無壓的日子過太久，體內的沖天之志又開始騷動，像他這樣優秀的人才，怎能就此埋沒？百無聊賴之際，經由電視投顧老師的節目和網路社群媒體廣告的攻佔眼球，他開始踏入股市這塊誘人的寶地，以爲仗著自己的聰明頭腦，要不了三、五年，就能達到財富自由的境地。

三、五年？不必，才花不到一年的時間，他就將家裡好不容易才存下來的一點積蓄給賠個精光。女生不怪他，只希望他能及時醒悟。可他不甘心，認定自己不可能永遠倒楣，要是再賭一把，幸運必然降臨。好說歹說，終於說服太太拿房子去做了二次抵押貸款，全數押在一支缺乏基本面的投機飆股上，甚還使用融資將槓桿倍數放大，妄想一夕翻身。只能說，他的運氣真的有夠背，一場突如其來的金融風暴，襲捲了他的致富大夢。

經此教訓，他有痛定思痛，從此專注於家庭嗎？沒有，整個人變得像是被妖魔附身一樣，怪僻易怒，動不動就暴力相向，明明好好的一個幸福家庭，竟被他劃下了難以抹滅的傷痕。

女生強忍悲泣，決意放棄，留下了一封親筆信給男生，她說：「直到現在，我依然深愛著你，但你卻要我眼睜睜看著你毀掉我們共創的幸福。對於你，我已無能爲力；但爲了孩子，我必須離開。如果你心中對我還存著有愛，求你將人生最後的一絲幸運留給我，放過我和孩子，不再糾纏。」

我們總是在幸福走遠了以後，回頭一看，才知道幸福是什麼。到底什麼是幸福呢？當有人默默地愛著你（妳）、關懷著你（妳）、守護著你（妳）、總是用笑容回應你（妳）的一切言行，時時與你（妳）同在，不論處優渥或處貧困，始終不離不棄、相知相惜；一起笑看花開、一起仰望繁星，歡喜也好，憂愁也罷，內心總感覺到溫暖與踏實，教人想要倚靠一輩子，捨不得分離，那就是了。

看完以上的故事，再低頭想想，人生若能得著幸福且懂得珍惜，那才算得上是眞正的幸運吧！

放棄比不放棄，更需要勇氣

在我們的一生當中，總會遇到許多想達成卻一直達成不了的事，同時間響徹耳邊的聲音，也總是叫我們不要輕言放棄。是的，我們不想放棄，即使感覺好累、好辛苦、好困難，也不可以放棄，總以爲堅持到底，有朝一日必能實現夢想、成就非凡、抓住幸福。

不放棄，就還有機會；放棄了，一點機會也沒有。這句話絕對是至理名言，但須留意一個問題，你的不放棄是建立在「有可能」還是「沒可能」的基礎上。有時，提早放棄那個「沒可能」的事，將心力與時間轉換到「有可能」的事，既不會白白浪費生命，達成的機會也更大，不是嗎！

你說，那些「有可能」達成的事都不是你要的，如果你一直抱持這種心態在生活，永遠將全副精神投注在「沒可能」的狀態上，「不放棄」三個字，就只能刻在你的墓碑上，並不會化作獎杯，讓你擺放在人生的床頭櫃上。

當你攀爬一座高山，爬到一半爬不動了，你有兩種選擇，一是找個地方休息，等體力恢復了，再繼續向上。二是未爬以前不知道原來登頂並非你能力所及，停頓下來休息的目的不是爲了繼續向上，而是保留體力，順利回程。當然，能夠登頂，那個極目所望的風景會是最美麗的；但即使沒有登頂，如果心裡依舊覺得滿足無憾，畢竟努力過了，所以在下山的時候，更懂得欣賞那些與你近距離擦身而過的草木風情，興起一股莫名的感動，不輸給登高望遠的血液翻騰。

關於第二種選擇，還有另外的情形；無法繼續攻頂，並非是你能力不及，而是你攜帶的裝備已不足以讓你登頂，倘若你仍堅持往上爬，單憑勇氣是不夠的，反會讓自己落入愚蠢的危機。先退回來，因爲有了經驗，等裝備齊全了，再重新出發，就能一舉成功。中途放棄不是眞的放棄，而是喝了再上，把智慧加進來，懂得適時抽退，那樣的勇氣才是最難得的。

還有一點値得留意，若不是爬了這座山，你可能不會知道，世上除了這座山以外，還有其他的山；攻克這座山，已經不再是人生唯一的選擇，及時返回，換一座山爬，不以高低做爲絕對的考量，能否登頂才是展開行動的抉擇。經過一番眼光的調整，你將會發現，這世上到處都有足以令你感到驚喜的山！

人生有幾件事情是很難做到放棄的，一是放棄已經回天乏術，正處在病苦折磨中苟延殘喘的親人生命；雖然就只是在同意書上簽下自己的名字，竟有如月球殞落般沉重。二是放棄自己窮畢生之力、好不容易才爭取到的頂峰位子和榮耀光環；不甘回歸平凡的代價，恐怕就會像是記載在《聖經》當中的所羅門王，臨死之前只剩無盡空虛。三是放棄牽掛，牽掛兒女、牽掛摯親、牽掛愛情、牽掛結果、牽掛成績、牽掛評價、牽掛明天會怎麼樣……，數不清、棄不得的牽掛，使人生陷入了疊加不完的愁煩與憂慮，總覺得快樂只是一瞬間的幸運而已。

不放棄，代表事情仍在進行，即使日子難過，心中總還存有期待；放棄則表示，一切到此結束，至少是暫時結束了，照理說，卸下可使人生變得輕鬆，可由於心裡仍揹著不放，反而比不放棄的時候，感覺更苦，這便是放棄比不放棄，更需要勇氣的原因。

且不論是放棄或不放棄，那都是很「個人」的事，無須受到外界膚淺眼光和抱著看熱鬧心態的人的意見干擾，將一些只有形式上的勸慰與鼓勵放在一邊，你要認真審視的是，當你決定要這麼做了，是否是對自己最好，對整體相關的人也最好。

除了你自己，沒有人可以替你決定什麼該放棄，什麼不該放棄。但如果你想讓自己的人生過得比別人更快樂一點，好好決定什麼該放棄，什麼不該放棄，拿出勇氣，才能轉變運氣。

勉強粘合，不如重新再做

當我們沉浸在過去的某個片段記憶時，人雖然還活著，身體的各項功能一切正常，「現在」卻關閉了，「未來」也不見了；如果是想藉由回顧過去的美好畫面來調劑心情、撫慰思念、或是從失敗的地圖中找出成功的線索，後退如同拉弓，是爲了向前瞄準，對人生尚屬有益；倘若著眼的是悲慘、是失落、是破碎，總想回到已然不復的夢裡去填補坑洞，就算是粘合了表象，原有的靈魂也不在了。因爲，在你的心裡，有一道裂痕的陰影，永遠也揮之不去。

曾經有一位企業家在擦拭他收藏的藝術品時，不小心打破了一個自己非常喜愛的青花瓷瓶，爲此懊惱了好幾個星期，他始終捨不得將收拾起來的碎片丟棄，於是找來一名燒瓷技術極爲高超的師傅，言明不論花費多少代價，都要把它粘合起來。

師傅看著那一堆碎片，對他說：「如果你只是不想失去它，我的確是可以幫你把它粘合起來，但我必須坦白告訴你，就算我修復的功夫再怎麼厲害，它都已經不是原來那個完整的花瓶了，日後當你摸到那隱隱約約的破碎痕跡時，能遮眼不看嗎？它在你的心目中，還能保有像是完整時的同等價值嗎？其實，我可以替你燒製一個更漂亮的瓷瓶，你又何必死守著一個破碎的東西呢！」

有些人不只有喜歡活在過去，還把破成一堆碎片的記憶拿來當作拼圖玩，甚至在腦海中裱褙起來，不時閉眼撫摸著那片片拼接的痕跡，彷彿只要透過想像，就能讓往日的傷疤復原，不再感到無能爲力。

如果你現在的生活是美好的，不會有空閒回想過去；正因爲不好，所以你才會想利用粘合的方式，塡補眼前的空虛。一旦停止回到過去，停止碰觸記憶中的碎片，會讓你覺得無事可做，並生出恐慌，因爲你在逃避現實，對未來完全沒有寄望。

勸慰人不要活在過去，說來簡單，若不能附帶實際的幫助，滿足當下所欠缺的及時需要，基本上是毫無效果的。因此，選擇重回過去玩拼圖遊戲，就會是支撐活下去的唯一動力。

但，既然要玩拼圖，何不選擇構思全新的藍圖，再一塊一塊的使它成爲眞實。還有，把懊惱的時間拿來尋找一位高明的師傅，請他協助你走出破碎的陰影，重新打造另一個新的完整，不也很好！

物會碎、事會了、情會滅、人會死，雖然這世上所有的一切均將成爲過去，但在成爲過去以前的每一寸光陰，都是從現在走向未來的。也就是說，要活出一個有意義的人生，就不該老想往回走。

如果，碎了還可以粘合，又能對破裂的陰影不著一絲罣礙，那就儘管去做。若是很勉強，即便看起來像是復原了，卻再也不完整了，心痛的感覺依然不減，該捨棄就捨棄。

捨棄了舊我的碎片，才能再做一個完整的新我，人生縱然有憾，亦是無悔。

爲死而活，盡情開出美麗的花朵

人活著，誰都不想去碰觸關於「死」這個議題。「死」帶給人們的感覺是失去、是哀傷、是悲慟、是永別，既然活著，那就好好的活，何苦爲死煩惱呢？這樣的心態叫「爲活而活」。

世上大多是「爲活而活」的人，所以，我們會隨著文明進步的軌跡，不停地去增加生活的需索以及訂定許多自以爲非做不可的計畫，並養成一種對物質誘惑不可逆的習慣，只要此一習慣稍有受挫，不自覺便會陷入好像不知怎麼活的愁苦！

面對令人眼花撩亂的繽紛世界，吃美食，穿華服，開名車，住豪宅，衆皆渴望；如果能夠擁有，代表你是一個有能力和有福氣的人，上蒼賦予了人自由選擇的權利，任何人也不能否定他人透過努力去獲得的辛苦代價。但爲什麼仍有那麼多的人到末了，依舊覺得自己的人生過得既空虛又不快樂呢？

且不論我們的需索有無得到滿足，計畫能否眞的實現，不快樂的原因，並不全然取決於外在的狀態，而是跟潛在的心態有關。

例如，你想得到一樣東西，今天得不到還有明天，明天得不到還有後天，後天得不到還有數不盡的大後天；即使你得到了，總是又接著想得到其他的東西，由於你認爲自己可以長命百歲，以至於讓那個很久都得不到的愁苦如影隨形。但如果你知道明天可能會死，無常的風暴就在身邊，今天得不到就算了，明天還有更重要的事情要做，那個愁苦就立刻解脫了。

又例如，你很幸運地擁有了你想得到的一切，卻在突然間對一層不變的日子感到無聊，度過了無趣的今天，今天過了還有明天，明天過了還有後天和大後天，你竟開始害怕就這麼虛度未來的每一天，由於你相信自己不可能短命，才導致被一種無聊將會無限期延續下去的愁煩糾纏不清。但如果你心中早已作好死亡即將到來的準備，也許明天就走了，也許後天就永別了，隨時只要一口氣吐出去吸不進來，生命就結束了，你不僅不會放任自己置身在無聊當中，你還會卯起勁來溫習曾經出現在生命裡的每一次感動，把握當下的每一分每一秒，看還能爲世界創造什麼或留下什麼；然後，你就會像是新生一樣，重拾青春的活力。

當我們把人生所有的思想和作爲，從「爲活而活」轉換成「爲死而活」的時候，我們就會開始對一切的人、事、物抱持惜福及感恩的態度，珍惜每一個執子之手的黃昏，重視每一個互道早安的早晨，還有看淡每一個不順己意的逆境。因爲，再也沒有什麼比「現在活著」更令人開心的事了。我們可能會死，但我們居然還活著，當然就會更加惜福與感恩的好好活下去。

不要被「人皆會死，凡事徒勞」的悲觀理論給誤導了，正因爲「人皆會死」，才不能白白浪費「難得的人身」和「有限的人生」；正因爲「凡事徒勞」，才更不能「隨意擺爛」和「毫無作爲」。花開了雖然會謝，仍要盡全力開出最美麗的花朵。

生命是寶貴的，而這個寶貴是建立在「爲何而活」的覺知上，所謂「活得好」，也不是有哪一種模式可以套用，完全是「心」的感受罷了！換個心態，學習「爲死而活」；明天，如果我們還有明天的話，那將會是一番不同於以往的嶄新氣象。

活著，爲何要不斷精進的理由

曾被全球田徑界讚譽爲「翱翔於天空的芬蘭人」的巴佛諾米，於1923年在一英哩（相當於一點六公里）的比賽項目中跑出了4分10秒的世界新紀錄，且連續保持了31年才於1954年被來自英國的羅傑·班尼斯給跨越，從此，一英哩須跑4分鐘的障礙，就再也算不上是人類的極限了。

羅傑·班尼斯之所以能夠突破極限的靈感，據說是受到了野生動物在非洲草原上奮力求生的啟示，促使他勇於承受因積極練習所造成的巨大痛苦，不斷尋求精進，終於寫下了打破世界紀錄的神話。

他說，凳羚每天早晨在非洲草原上醒來的時候，牠很清楚自己必須跑贏最快的獅子，輸了的後果就是喪命。同樣也會在早晨醒來的還有獅子，牠也非常清楚，如果自己跑不贏最慢的凳羚，下場便是挨餓。

班尼斯的靈感說明了一件事，我們天生是一隻凳羚或獅子根本不要緊，要緊的是，想在無法改變的環境中好好活著，就必須使出全力跑在所有障礙物的前面。

如果只是爲了打破別人創下的紀錄才去練習，那個障礙將很難跨越；但若是爲了自己的生存而奮鬥，便能發揮連自己都覺得不可思議的潛力，挑戰不可能的極限。

弱肉強食的生存法則反應在人類社會中的樣態，其實更爲殘酷；非洲草原上的獅子餓了，牠一次只會獵殺一頭羚羊，但位居人類世界中的帝王或首領，他一次就能造成數以百萬計的生靈塗炭。

然而，人類與野生動物最大的不同乃在於，我們追求像獅子一樣擁有至大的力量，不見得是要從搶奪別人的生機中獲至飽足，而是想在保護弱者的存亡裡得到成就；我們拼了命也要跑快的原因，非是要去爭什麼第一，而是想提早甩脫人生的桎梏。

生命必死，一切在俗世中的追逐皆是罔然的道理，幾乎人人都懂，爲何仍要不斷精進？

理由一，惟有超越生命極限，突破肉體障礙，才能在因果報應的註定下，活出由自己主宰的人生。

理由二，當我們努力跑在最前面，替人類的慧命設下一道無法被苦難跨過的門檻時，那個通往的終點，不是毀滅，而是永恆。

至於生機，不只是生存的良機，更難得的是生命的轉機；而精進，將會爲我們帶來改變人生的契機。

看懂自己的情商指數

有投資過股市「指數期貨」的人應該都知道，看懂大盤加權指數下一秒的漲跌，將決定下單作多或作空的輸贏。散戶往往跟法人的看法相左，你看漲他看跌，你看跌他看漲，就這麼對做來對做去，結果，人數眾多的散戶，反而從來沒贏過。

專家說，你的情商指數高低，決定了你操作指數期貨的勝敗，如果你總在控制不住亢奮或恐慌情緒的時候出手，保證一出手就「巴比Q」了。

選擇投資期貨，達到「快賺」的目的，僅僅是走在人生路上的其中一個戰場，如果你想打贏勝仗，不論是何種戰場，首要是先能看懂自己的情商指數，假使你連你自己的情緒起伏都控制不住，下場便是任人宰割。

情商（EQ）指數，是一種自我情緒控制能力的指數，由美國心理學家彼德．薩洛維（Peter Salovey）於1991年創立，屬於發展心理學範疇。它跟智商不一樣，情緒商數是可以經過指導而有所改善的。

哈佛大學心理學博士丹尼爾．高爾曼（Goleman）指出，情商係由自我察覺

（精準的察覺自我情緒）、自我規範（積極、適當地控制和表達自我情緒，不致失控）、自我激勵（調整情緒，達成自我激勵、自我驅動，完成目標）、同理心（共情能力強，通過細微的信號，敏感地感受到他人的需求和欲望，識別他人的情緒）和現實檢驗能力（精準和客觀地檢驗現實環境中的資源、有利與不利的事物，並能保持樂觀主義積極地接受變化，靈活運用資源應對環境和壓力，成功地解決問題）等五個向度所組成。

將以上每一個向度設定為二十分，五個向度合計為一百分，以六十分為分界，試著檢測一下自己的分數有多少，你大概就能明瞭自己在與人爭戰時，為何是贏家，又為何是輸家的原因。

一般而言，情緒的波動，跟你對事物的解讀有著直接密切的關連，當你接收到一個外在的訊息，大腦會自動開啟「谷歌」功能，千分之一秒從你過往所累積的知識庫中找出註解；如果找不到，那不會有問題，頂多是露出一副憨憨的表情；如果找到了，便是災難的開始，那有如黃沙滾滾的情緒大河，將主導你身心靈的去處，不但可以將你變成另外一個人，還將決定你未來的人生狀態是好，是壞。

有一隻鸚鵡自人類飼養的環境中逃脫，飛至森林後，許多同族的鳥類對牠總是講著奇怪的語言感到莫名奇妙，便問牠說：「你嘴巴一直不斷重覆在說『趕羚羊』三個字，那是什麼意思呢？」

鸚鵡回答：「我說的是人類的語言。其實，我也不知道那是什麼意思？因爲我從小到大，每天大部分的時間，都聽見人類在說這三個字，不知不覺就學起來了，要我不說，還眞的很難吔！」

森林之王老虎得知這件事，就把那隻鸚鵡叫過來，對牠說：「你每天說那句話說個不停，森林裡到處都聽得見你的聲音，我才不相信你不知道那句話是什麼意思！快給我解釋清楚，不然我一口吃掉你。」

鸚鵡害怕極了，情急之下，只好胡亂編出討好老虎的謊言：「我說、我說，我現在就說；『趕羚羊』這三個字翻成我們動物話的意思，就是『你好棒』。」

老虎一聽，頓時對『趕羚羊』三個字感到歡喜的不得了，於是命令鸚鵡說：「我命令你，從今天起，只要我走出來外面散步，你就要跟著飛在我的後面，不停地說著這句話，我要全森林的動物們都知道我是『趕羚羊』。」

原本在人類社會中被公認是罵人的三字經，放在動物世界裡卻變成了令老虎歡喜到不得了的讚美，可見，話語本身的意義是可以更改的，關鍵就在於你如何解讀。偏偏我們解讀的習慣，一律根據外界共構的定論，且普遍都是不好的定論，讓我們忘記自我其實也有定義的能力，才使得情緒那麼容易就被人綁架。

當情商指數低落至60分以下時，想不被情緒打敗，最好的方法就是「不作爲」——不懂它、不理它、不屑它、不管它。好比泥沙掉入清水，如果你越是攪動它，它越是混濁，只須放著不管，一會兒沉澱了，自動就清澈了。千萬不可以抓狂，失去理智把屬於你的整桶水倒掉。

人生似戰場，戰場如棋局，情商的功能就如同象棋中的車、馬、包，它可以是「將軍」敵人的神兵，也可以是「將軍」自己的魔卒，看得出破綻，了然於步數，進攻時搶占先機，退守時以逸待勞，起手翻掌間，想替你的人生奪下一座勝利錦標的機率，就會大大的提高。

面對世間紛擾，你要懂得點亮內在的燈光

某國際人道組織，為了宣揚無國界的地球村理念，招待一群來自非洲叢林的原住民至大都會參觀。

就在為期十天的行程結束之後，負責接待該批原住民的飯店房務人員，發現了一件令人為之噴飯的事。原來，只要是登記為原住民入住的房間，裡面所有的燈具和牆壁上的開關全都不見了。一問之下才知道，那些原住民天真的以為，只要把拆下來的燈具和開關帶回非洲安裝在自己的茅草屋裡，就能發揮神奇的照明效果。

燈具，只是最後能夠產生照明效果的借體；開關，僅僅是用以選擇燈要亮或不亮的裝置；若是沒有源頭的電力輸送，沒有電源與燈具及開關之間的管線連結，單靠表面可見的形式，是不具備光照功能的。

人的身體就如同燈具，是能讓生命發光發熱的借體；從外學習而來的知識仿若開關，是教生命要亮或不亮的裝置；我們都很愛惜自己的身體，也都自認為富有知識，卻咸少在乎電力的來源和其中管線的連結，總在人生變得暗淡了、知識不管用

了，去埋怨是不是燈具或開關不夠好的緣故。實際上，是停電了（精神力量停止運作）、是管線腐朽了（心靈網絡失衡斷訊）。

所以，不必羨慕別人的外表華麗，也不必怨歎自己的頭腦簡單，重點是讓自己擁有飽和的電力和質佳的管線，才能持續的發光。你必須知道，當太陽照射出光芒，我們就不會再用眼睛去直視它；不看它，不表示它不重要，反而是非常重要。你必須明白，不想錯過晨曦，就只有早睡早起，跟床的軟硬，完全沒有關係。

那麼，精神力量要如何使之飽和，心靈網絡又該如何使其保持平衡呢？

第一步，不因追求肉體上的欲望使精神過度耗損，這叫養神；將氣力集中在心緒的安定上，這叫聚氣；把養好的心神和聚合的中氣化作內在源源不絕的能量，這便是能教生命發光的底蘊。

第二步，不被知識框限視野，不受意識左右心靈，不要讓世界的資訊來影響你，這樣你才有機會創新資訊去影響世界。也就是說，不是被動的等著外界來控制你，而是你具備了連結外界的主導能力。

今天這個時代，可說是「網紅」崛起的時代，因著社群的擴展力和視頻的傳播力，只要你敢秀，且能秀得出一點東西，想一夕發光，吸引人氣，並不困難。但，這個藉使你發光的東西，有持續力嗎？聽說，有許多的網紅人士，每日爲了想出熱點、掀起話題，絞盡腦汁，最後卻因江郎才盡，壓力大到夜夜失眠，搞到若是不服用抗憂鬱的藥物就無法正常思考。

你爲什麼想成爲一代網紅呢？因爲可以被世界看見，被看見了以後，還會帶來商業效益，名利雙收，多好。問題是，發光是須要付出代價的，就像太陽，它如果不願意燃燒，要如何照亮地球，要如何叫人崇拜它，並封它爲神？發光的太陽，有使出很多不同的花招嗎？擔心有人對它不以爲然嗎？沒有，它就只是一直一直不停地從內在噴出火焰。那個可以持續燃燒下去的原因，正是源自內在飽滿的能量和不受物質變化的影響，所以它才有資格成爲太陽系的中心。

我們常常會在宗教信仰或生活勵志的層面上聽聞到「點亮內在的燈光」這句話，幾乎沒有人不認同，可你知道要如何點亮嗎？

首先，對於外來的虛華不實之光，你不要定睛盯著它，一直盯著它只會使你眼睛模糊，看不清楚周遭環境和自己應處的位置；當你倚賴成習，你就只能順著它指引的地方去看，這樣一來，你前進的方向就被它宰制了，而非自己決定。倘若這個光是發自於你，你不但不會被它刺痛眼睛，不論走到哪裡，就會亮到哪裡，萬事萬物的眞假樣貌，盡皆清晰。換言之，是否「看清」，是你查驗有無點亮內在燈光的第一個要件。

再來是「看透」，假如內在的燈光已經點亮，你不可能不知道自己在幹什麼！什麼事情該做不該做，絕不會躇在那裡猶豫不決。因爲心亮了起來，所以凡事看得更透徹；也因爲看得透徹，所以該做的事，會做得更好，不該做的事，打死也不會去做。

最後是「看破」，我們的心若被包覆在像「石」頭一般的外「皮」裡，內屋暗了，靈魂就不自由了。心爲何會被包覆在像石頭一般的外皮裡？因爲你總是用你的外表與外界互動，摩擦久了，皮就厚了，厚上加厚了以後又不處理，慢慢就會變成像石頭一樣硬。「硬」從何來？從你習以爲常的「執著」而來。若是無法從內在發光去「照破」這一層，再有多麼美麗的外表，在智者的眼裡，也只不過是擺在黑暗中的一項裝飾品而已。

點亮內在的燈光，你就能看清、看透和看破世間所有的紛擾與人生一切的遭遇，到了那個時候，再回過頭來看自己，你就會愈看愈滿意。

面對茫然的人生，你需要的是安靜

當我們漸漸成熟，隨著年齡的增長，一步步向前跨越至人生的不同階段，也就在要向前跨越的那個當下，總會面臨不知如何選擇的難題，而這個必答的人生選擇題，如果你每一次都選對，人生肯定過得很美好；如果你每一次都選錯，或許在過程中會受到一些挫折，倘若你能從中學習經驗，並透過磨練讓自己進步及改變心性，進而在不斷的修正中找到可行的方向，想締造出美好的結局，仍是大有機會的；唯獨一種情況最是遭糕，那就是你自始自終都任由無所是從的心態淩遲著你，這才讓整個人生變成像是一片荒蕪的茫然狀態。

「無所是從」帶給人的感覺是「慌」，爲何會慌？因爲「荒」（具有空曠、寂涼、缺乏、廢棄等含意），荒的下方有三條路，往左、向中、往右，當你無法擇一而行時，你就慌了，心一慌，人就急，雖然急，但又猶豫不決，使原本還具有十足動能的心慢慢化作一灘死水，最後就會成爲眼見一片荒煙漫草、無路可走、心如死水的「茫」。

因此，當你目前所處的人生狀態是「荒」的時候，你的心態千萬不可以「慌」，慌了，思緒就亂，就拿不定主意，在長期擔心害怕、徬徨無依的躊躇下，人雖未死，靈魂卻已先掉入茫然的空洞裡，那樣的話，漫長的人生黑暗期就難逃了。

面對茫然的人生，你最需要的是「安靜」。爲何不是冷靜？因爲，冷靜是放在忙亂衝動、恐怕闖出紕漏的節骨眼，先冷卻情緒，再思考如何因應；安靜則是對治前途茫茫、不知何去何從的唯一策略，先安頓心神，等理出頭緒，作好萬一走錯的準備，再勇敢向前跨越。

安靜的意思是，安身於一處，靜心於一點。「安」這個中文字被設計的很巧妙，上面的「宀」，猶如家的屋頂，代表著保護及屏障；下面的「女」，意指柔弱、需要歸宿的人；當一名柔弱、需要歸宿的人待在家的保護及屏障底下時，身心就得獲了安全感，一旦阻隔了外在的風風雨雨，停止了內在的波動攪擾，就能專注地蓄養心神，當然就會進入到一種彷彿萬般皆「安」的狀態。

待在家的保護及屏障底下，不表示躲起來，除非你不出來。表面上，女人找到歸宿，象徵被照顧，其實是強壯的開始，因爲她可以在安定的情境中，專注於家庭的事務，將思緒集中在丈夫和孩子的身上，尤其是當她從妻子升格爲母親時，基於責任，瞬間從被照顧的人變身成照顧他人的人，那種獨當一面的氣勢已不可同日而語，她不再是起初那個待在家的保護及屏障底下的弱者，而是張開羽翼、護全摯愛、培育菁英的強者。

這樣我們就知道，「安」是力量爆發前的沉澱，「靜」是心思集中後所產生的智慧，「責任」則是催生力量與智慧的引線。

所以，會對人生感到茫然，必然是在面臨「荒」的處境時，被「慌」的心情給擊潰了。沒有經驗會慌，本是一件很正常的事，只須想著，每戰勝它一次，就能多得一個經驗，即便是錯誤或失敗的經驗，也能爲自己的人生多加一分，這樣你就不會害怕了。但這也僅限於「想」而已，眞要能戰勝，當然就是先讓自己安靜下來，再從中找出有什麼「責任」是你必須去背負與完成的，責任能使目標浮現；好比說，你無業很久了，完全不知道自己還能幹些什麼？突然間，你發覺自己很有服務的熱忱，有機會幫助別人的時候，總能使你感到快樂，跳出來參選里長就會是一條明路。當上里長之後，責任感升級成使命感，那就更上一層樓，競選市議員，選上了仍不過癮，後面還有立法委員、縣市首長、甚至是國家元首的位子在等著你。故只要放在心中的責任一日不卸除，忙碌都來不及了，怎還挪得出空檔去感嘆人生的茫然。

路是人走出來的，「無路可走」這四個字，不過是懦夫的託辭，會常常掛在嘴邊，不是眞的無路，是你不願抬起腳步、不肯向前開路。你大可以在心態上把人生當成是一場闖關的遊戲，如果你願意將拯救公主視爲己任，你就不會在沿路上因遇到魔物阻擋而徬徨，更不會爲了目標不明而感到迷茫。（你要拯救的公主在哪裡？先定義出來，方向就會跟著出來。）

不要再把「荒蕪」列爲人生的選項，安靜可以爲你生起智慧，停止魂遊；責任可以讓你發揮力量，避免心癱；茫然不過是一時的假象，迷霧終將撥開，到那時，你會赫然發現，原來心中渴求的美好道路，其實一直都在自己的腳下。

面對試煉，你要保持謙遜

有一則來自網路上的笑話——

某大學動物科學系的教授在課堂上拿出一個用黑布半罩著的鳥籠，未被黑布遮蓋到的下半部，可以清楚的看見活體的兩隻鳥腿。

教授要同學們觀察鳥腿的特徵，從而答出關在籠子裡的鳥名。

這個作答題目引來學生集體的不滿，其中一名男同學直接表現相當不爽的態度，自座位上站起來，逕自走向教室的出口，卻被教授大聲喝住：「你叫什麼名字？」

男同學對著教授拉起自己下半身長褲的兩條褲管，露出毛茸茸的小腿，然後問教授說：「給你猜，我叫什麼名字？」

有人藉著這則笑話表達了一個觀點：不要讓自己成爲只會說、不會做的傲慢自大狂。

網路上一面倒的對那位男同學的機智反應鼓掌叫好，卻忽略了他做出這個舉動將會替自己招惹怎樣的麻煩。

也許有某位教授實在看不下去，完寫了這則笑話的結局——教授回答那位男同學，他說：「想成爲一名頂尖的動物科學專家，不要說是兩條腿，就算是一根骨頭，也要能加以正確的辨識。我必須承認，我對你的腿毛沒有研究，所以我猜不出你是誰？但我可以很肯定的告訴你，這門課，你死當了。」

教授與男同學，到底誰才是傲慢自大狂？所謂的「以其人之道還予彼身」，那個因挑戰權威並得勝的驕傲，不能只有一時半刻，倘若後面會讓你失去更多，悔不當初，儘管面對的是不合理的考題，也要把它當成是對人生的一種試煉，保持謙遜，會是最好的因應方式。

「教授」這個身分，常被人們解讀成只懂理論、不諳實務的專家，且不管他是不是眞的只會說、不會做，重點在於他掌握了學生在該門學科上，過與不過的決定權，如果你就讀這門科系，將來想在這個領域中有很好的發展，很抱歉，你左右不了生死操縱在別人手裡的狀態，再怎麼被刁難，也只能抱持著謙遜的心態，謙遜不是承認被打敗，而是學像布袋戲中黑白郎君的絕技，使出「一氣化九百」，等著將來超越他，讓自己在接受試煉中變得更頂尖。

人生的艱澀考題百百款，會摸不著頭腦，本來就很正常，如果面對每一道難題都表現出不爽的態度，動不動就甩頭離開，那你最後得到的狀態就會是「死當」。

不管我們的人生遭遇到什麼樣的狀態，都是試煉，生鐵放進融爐裡是一種，被鑄打成型又是一種，反覆在冷水中浸泡也代表一種，最後還要放在磨石上來回不斷的磨出鋒刃，才有一把寶劍的誕生。生鐵的屬性又硬又冷，可因爲它很謙遜，在經歷過那麼多層次的試煉之後，從未喊過一聲不要，所以有資格成爲寶劍。

心態好的人，想得是如何通過當下的試煉，跨越到成功的彼岸。心態不好的人，看得總是眼前的不爽狀態，跳不開失敗的此岸。想叫別人猜出你是誰？卻連一塊生鐵都比不上，誰鳥你是誰！

面對試煉，你要保持謙遜，暫時的低頭，只是爲了把自己的不足給補滿，避免將來在社會上闖蕩時跌跤。如果你眞的希望有人能夠一眼就看出你是誰，你要展露的不是腿毛，而是學養。

退一步想，卽是最好的安排

漢唐兩代堪稱是中國歷史上聲威最盛的時期，卻也不免受到邊疆蠻族三不五時的無端侵擾。當時的朝庭爲了要鞏固邊防，減少戰事，竟然想出了一套很不人道的安撫政策——「女人和番」。

唐大曆四年，回紇一族仗著兵強馬壯，向朝庭要求通婚，並指定聯姻的對象必須是皇帝的女兒。面對此一無理條件，皇帝哪裡捨得將自己親生的女兒送入狼口！但又擔心冒然拒絕，恐引發番邦藉故挑釁；情急之下，倉皇從後宮選出一名婢女，封爲崇徽公主，答應了這門親事。

當出嫁的隊伍浩浩蕩蕩行經山西汾州卽將出關的時候，崇徽公主懷著滿腔怨恨靠在關口的石壁上，旣無奈又絕望的追憶昨日。然而，她無力回頭，惟有咬牙鼓起最後一絲活下去的勇氣，狠下心來將自己推向那無邊的塞外，接受上蒼的安排。

公主含悲而去，臨行狠心一推成永別。傳說那一推，在石壁上留下了一個手痕印，還有人在那裡立了一座崇徽公主手痕碑，更有詩人李山甫特別爲此碑寫了一首詩，詩的後半段描述說：「寒雨洗來香已盡，澹煙籠著恨長留：可憐汾水知人意，旁與吞聲未忍休。」意思是，山上的花香已隨寒雨消逝，早被人們淡忘了，而那隱含著幽恨的手痕，仍籠罩在瀰漫的煙雲中；看那汾河的河水，彷彿通曉人意似的，依舊伴著石上的痕跡，嗚咽地流著，從未停止。

崇徽公主的遭遇，不論從哪一個角度看，她的命實在不好，只怪蒼天爲何要對她如此不公！但若退一步想，這條不幸之路的盡頭未必是絕境。怎麼說呢？

先說一則出自《莊子》的故事——

以前在麗戎之國有一個非常美麗的女子，她是該國君主的女兒，從小坐享榮華富貴。後來，麗國遭到晉國攻打，轉眼間讓她成了晉獻公的俘虜，終日只會哭哭啼啼，衣袖沾滿了淚水和鼻涕。沒想到，她被送往晉國之後，並不是充作奴婢，而是選爲妃子，皇帝對她更是寵愛有加，這才後悔，當初爲什麼要哭呢？

另外，《聖經》裡有一句話：「焉知妳得了皇后的位分，不是爲了現今的機會嗎？」講得是耶穌生前五世紀，波斯國皇后以斯帖藉著她的地位拯救百姓的故事，剛好也可以拿來呼應崇徽公主的處境。

她，本就不是眞的公主，僅僅是一名微不足道、死不足惜的奴婢；就先前的宿命而言，一生卑賤，已然蓋棺論定，再尋無改變的指望了；未料，橫空出現轉機，不但能以公主之尊風光出嫁，還要成爲回紇首領的夫人，睥睨群雄。只要大唐一日維持強盛，縱使蠻族生性兇殘，想必也要對公主另眼相待、禮敬三分。這樣一來，會讓崇徽公主想不開的，應該不是「身」苦，而是「心」苦了。

其實，這個心苦的感覺並不是不能調整的，卽使身體被綑綁，心靈還是可以獲得自由。比如說，她願意認淸事實，摒棄成見，接納外邦人生養一群兒女，進而致力於改善野蠻文化，試著灌輸族民善良、和平的觀念，那麼，這個看似悽愴悲涼的安排，實則蘊藏著改變一整個族群的無限可能，其存在的價值，就不再是奴婢，更可能是皇后了。

心態決定狀態，人生有許事，雖然是命中註定，沒得選擇，除了往死裡走，不知還能怎麼走？但我們怎麼知道上天安排的這條路，它不是另一條跳脫死局的活路？我們所看到的只有眼前，事事不如己意的眼前，因著那個尚未發生、純屬臆測、充滿太多變數的不佳狀態，才使得我們驚惶失措、深陷泥淖。如果退一步想，那不過是受到預設立場的影響。沒錯，當下的心情有如一把刀子從天上對準胸膛掉下，怎麼躲也躲不開，那就勇敢的接吧！說不準，剛好接個正著，定睛一看，原來不是刀子，是金條，秒把災殃變洪福了。如果只是兩手一攤，恆抱自毀思想，就算是金條，也會砸死人的。

不盡如意的人生，總是令人感到無奈又絕望，我們每一個人的心底也都有一條汾河在靜靜地流著。上天或許安排了河水流動的方向，但它的流水聲是嗚咽？是歌唱？我們可以自己決定。面對種種人生的磨難與坎坷，我們總要學會告訴自己，不論處境爲何，時到時擔待，相信最好的安排，就在鬼牌掀開的那一刻。

善用一朝的活力，活出萬古的寧靜

宋朝時，有一對孿生兄弟，正當在田裡幹活，弟弟忽然丟下手中鋤器，眺望遠方，一顯豪情壯志的說：「生命短暫，男兒理該志在四方，我豈能終老於此！不如去闖蕩一番事業，再衣錦榮歸。」

哥哥聽完弟弟表述了自己的人生意向後，也放下竹簍，拍了拍衣袖上的塵土，低眉嘆道：「生命有如煙花，轉瞬即逝，一切皆是虛空，何苦在此徒勞！不如佛前懺悔，尋一個了生脫死的去處。」

隔日清晨，只見兄弟兩人各自背負行囊，一個直奔寺院，一個走往京城。

有人得知這件事，不禁在心中起了疑惑，到底兄弟二人對生命所持的態度，何者正確？便去請教善能禪師。

禪師說：「不可以一朝風月，昧卻萬古長空；不可以萬古長空，不明一朝風月。」意思是，不可以將有限的生命，全部用在競逐名利，讓精神陷入無盡的苦悶與掙扎當中；也不能因爲萬般皆空，而不明曉生命具有活潑的本質，應該是要把握有限的生命，如實的用心去生活，總能在恬淡裡找到富足，自單純中生出喜悅，於精進時尋著依歸，從慈悲心體悟圓融無礙的智慧。

無論是醉心於「一朝風月」，或投身於「萬古長空」，善能禪師認爲這兩種態度都太極端，要把握有限的生命，只須符合「用心」和「如實」的生活，卽是最好。

看看獵豹；獵豹是全世界跑得最快的陸上生物，當牠鎖定獵物，展開奮力一擊時，如果超過十秒仍無法成功，便會停止奔跑，因爲牠必須保留體力，避免發生危險。若是得手，一旦吃食飽足，哪怕再有肥羊打牠面前經過，也只是當作欣賞，不會再起殺念。

肚子餓了的時候，展現「一朝風月」的態度，用心的爲生存去打拼；肚子飽了的時候，將心態換成「萬古長空」，在知足中如實的生活卽可；獵豹的日常，剛好符合禪師說的用心和如實。反觀我們人類，不管肚子餓不餓，心態都是一朝風月，胃好像無底洞一樣，永遠吃不飽，總要一殺再殺，非把未來也一併吃光不行。然後，人心就腐化了、生態就破壞了、環境就變異了，天災就頻繁了，再不多久，萬古長空的狀態就會現前了。

著迷於一朝風月，嚐到的就會是萬古長空的苦果；執意於萬古長空，失去的就會是一朝風月的活泉。面對短暫的生命和有限的人生，我們所需要的，不是非要追求某一種特定的生活不可，而是在自己的能力範圍內，學習如何用心體會踏踏實實的喜樂。

清晨，日頭從東邊的地平線爬升；黃昏，夕陽自西邊的一抹紅霞中沉落；接著，夜幕降臨，有一顆閃耀的星星高掛在北邊的天際，看月光映照在廣闊的草原上，拂亮了每一隻野生動物的眼睛，這是獵豹每天都能樂在其中的美景。

但願我們的心態也能像獵豹一樣，不僅是眼睛看見，內心更要有所感受才行。善用一朝的活力，活出萬古的寧靜，或打拼、或修行；動或不動，怎麼做都高興。

喝出幸福的原味

只要是人，都想得到幸福。但幸福並不是一件能夠用手抓住的實體物品，它不存在於買賣交易之間，也不是任何可以強取豪奪或割愛施捨的東西；幸福僅僅是一種觸動內心的感覺，一種彷彿方糖在苦澀的咖啡中慢慢融化的感覺。

人生就像是品嚐著一杯原味咖啡，或許上天端給你的是熱咖啡，我的是冰咖啡，儘管入口的溫度不同，入喉的苦味還是一樣的。

無奈的是，我們不能將這杯咖啡退貨、送人或倒掉，即便再怎麼難以下嚥，也得喝到一滴不剩。於是，添加方糖調味，就成了我們在生命無從更替的情況下，不得不採取的措施。

只不過，最適合搭配人生的「方糖」是什麼？要添加幾顆才算是最佳的甜度呢？萬一加錯了太多的人工甘味劑，雖然滿足了一時的味蕾，卻使身心長期遭受病苦的折磨，又該如何自處呢？

幸福是我們非追求不可的，但我們以爲已經到手的，總是變了味的幸福，不是

嗎？

有人說，學佛或信耶穌就能幫助我們找到人生的方糖。是這樣嗎？翻遍佛經和《聖經》的內容，從來就沒有「方糖」這種東西；佛陀與耶穌的教導，只有——「人生是苦是甜，依你的心而定（心即神的殿）。」

有的人，一生處於憂患，但他始終相信他會死於安樂，他總是面帶笑容飲啜著屬於自己的那一杯咖啡。「安樂」並不是說他最後會死於某種安祥的狀態，而是他的心在未死之前就已經進入到了一種全然放下的寧靜境界。就快要結束了，他為自己的堅忍不移感到驕傲。一切都值得了，他為自己擁有的生命歷程覺得欣慰。他在點點滴滴的苦澀人生當中，喝出了幸福的原味。

有的人，一生背負著壓力和責任，但他始終覺得日子過得很甜蜜，他是如此深愛著他的家人和朋友，他是如此珍惜每一個來到面前的緣分，雖然他不斷地透支生命的精力，卻也在無形中壯大了愛的能力，沒有愛，哪來的幸福！這其中的滋味，唯有他最清楚。

幸福是無法被定義的，它眞的就只是一種感覺，如人飲水，冷暖自知。每天喝一杯不加糖的原味咖啡，不要陷溺於甜膩的想像，將全付精神集中在回甘的香濃。省去言語，閉上眼睛，那是一款清歡的味，哪怕入喉還是一樣的苦澀，等它滑進心裡，同樣也能令人陶醉。

喝一口原味咖啡，順便抬起頭，幸福就像是掛在黑夜裡的遙遠恆星，它永遠都在同一片日升月落的天空下閃耀，等著我們去發現。

握在手中的，就是最好的

很多時候，我們會對自己已經擁有的一切，覺得不夠且不甚滿意，以致於一直處在拼命追求更好和更豐富的狀態之中；因爲我們不甘落後，見不得別人比我們強。但是，這樣的狀態，並沒有使我們活得更快樂。

正在雪地裡高興玩耍的三個小男孩，幸運的遇見了聖誕老人，他們整齊的排成一列，滿心歡喜的等著聖誕老人發禮物。

第一個小男孩拿到了一個包裝相當精緻的小禮盒，捧在手上沉甸甸的，感覺不是一般的玩具。他相當興奮，笑得合不攏嘴。但當他看到第二個小男孩拿到的禮盒比他還大時，他開始收斂起笑容。到了第三個小男孩拿到更大的禮盒時，他露出了落寞和嫉妒的眼神，完全無視於那份已經捧在手中的禮物。直到聖誕老人離開，拿到最小禮盒的那個小男孩，終於忍不住難過的哭了。

其實，他並不知道，盒子裡裝著的，正是他心裡想要卻始終買不起的一隻泰迪熊手錶。

在尚未出現「比較」以前，人心是很容易滿足的，從沒有到有，哪有可能不滿足！隨著在感官上形成了相互比較的擾動，那個原本因得到而滿足的快樂，一瞬間被貪念吞噬，讓嫉妒和愁苦的蟲蟻，如入無人之地的攻占心房。

當我們的眼睛看到了一個在潛意識裡認定爲更高級的、得到它就會更快樂的物品時，大腦會下一道指令給我們，要求我們想盡辦法去得到它。爲了要容納這個新物，就必須排擠掉對舊物的情感，好騰出空間。只可惜，這個空間將被定型爲變動的空間，今天才見新人笑，明天馬上變成舊人哭，這已經不是滿不滿足的問題了，根本就是在自尋煩惱。

如果在經過比較以後，能輕易取得我們想要的，那不會有問題，換來換去，總在能力範圍以內，忙碌是可以接受的。倘若是想要，沒能力要，卻還死要，那就完了，整趟人生旅途走下來，即便曾經擁有過什麼，最後也只能帶著一片空虛離開人世。

生活中，由比較而來的「更好」，全皆來自世俗的定義，不是基於自己本應的需要，一旦養成追逐的習慣，不自覺就盲從了起來。這個也盲從，那個也盲從，盲從到最後，失去的，便是美好的方向。

上天給我們的最好禮物，就是我們自己，唯有這份禮物最獨特、最合適；無須羨慕別人的外表，莫要感嘆自我的弗如，冥冥中自有因緣的安排，懂得珍惜握在手中的恩典，綻放靈魂永不欠缺的光輝，比什麼都重要。

畫眉深淺入時無

男人打算帶女友去見他的父母，臨去的前一天，他對她說：「我希望妳明天化妝的時候，可以把眉毛畫得稍微細一點兒、口紅塗的顏色再淡一點兒。」

女友稍有不解的問：「噫！我一直以來都是這樣化妝的，從不會聽你說過不好看，爲什麼到了今天要去見你爸媽了，你才希望我做出改變呢？」

「別緊張，先聽我解釋；」男人慢條斯理的開始說明原因：「平日的妳是個高高在上的企業女主管，塗紅唇、畫濃眉，正可突顯妳精明幹練的個人風格；但現在妳要前往的地方不是辦公室，要見的人也不是妳的下屬，站在我父母親的角度，我想他們會比較喜歡先看見妳溫柔婉約的那一面。」

「畫眉深淺入時無」是唐朝詩人朱慶餘所寫的名句，意思是說，若想博得別人第一印象的好感，先從合宜的妝扮著手。

在我們的一生當中，一定會遇到許多初次見面的人，如果想將「初見」延續成「常見」，並建立起緊密的關係，就得想個辦法，叫對方能在最短的時間內對我們產生好感。於是，藉由穿著打扮，用包裝外表的方式，將自己粉飾成明豔動人或光鮮亮麗的樣子，就會是一件至爲關鍵的事。有時，就因爲第一印象差了些，遲遲等不到交往的下文、莫名失去了互動的機會，錯過的很可能是一段好姻緣或一樁好生意，實在是可惜了。

妝扮不單指美化外表，它同時代表著一種手段，目的是凸顯自我，吸引目光；又或者是掩人耳目，不讓別人認清眞實的自己，心態上既可以是正面的，也可以是負面的。它的功能是爲了製造一個有利於己的狀態，透過外表的假裝，補強內在的膚淺，遮掩缺陷，故作完美。

也因爲如此，妝扮過後的「假我」，經過長時間的習以爲常，到最後竟弄假成眞取代了「眞我」，忘了要在本質上努力充實，每天寧可用五小時化妝，也不肯花五分鐘閱讀，以爲這樣就能討人喜歡，等有朝一日掉漆了，被發現原來是草包一個，所謂的「做自己」，倒要小心是否會變成「做掉自己」。

是以，畫眉深淺的功夫，應從心態上學習打底，一旦內在趨於完美，外表自然也會跟著漂亮。當「入時無」的考量成了多餘，想令人留下深刻的好印象，就不費事了。

有宗教信仰的人，無論是向佛陀學習或向耶穌學習，最基本要學的，不是他們的穿著打扮，而是他們的「樣式」，也就是他們從裡到外、真實無偽的心性。如果我們本來就是溫柔婉約的，又何必假裝呢！要畫眉就畫心裡的眉，將心裡的眉眉角角都劃掉，自然就能展露出宛如玉石般剔透的本質，不但自己歡喜，還能叫人看一眼就深深地喜歡上你，永不厭棄，那才是最棒的做自己。

超越自我侷限，走出卑微世界

已故的印度哲學大師奧修曾經說過：「人類只是你現在的狀態，若你以為這是最終的，並執著於此，那你將永遠脫離不了悲傷與痛苦。相信有神存在，不表示有一個更高階的生物住在天上，並且管理著世界，請停止這種幼稚的想法。神所要帶給你的，是『超越自我』是可能的，我可以是更浩翰、更無限的。如果我可以到達神的境界，我將再也不受任何束縛。」換言之，「神」所代表的意義，不是單指某一個強大的生命體，而是本來就存於生命裡的一種「質地」，或者說「性能」，也就是佛陀說的「自性」。

自性即佛性，但也可以是魔性；好比說，兩張相同質地的白紙，一張畫的是「蒙娜麗莎的微笑」，一張畫的是「惡魔路西法的詭笑」；如果將它們一起燒成灰燼（生命的淬鍊），你分得出哪一張是哪一張嗎？未入輪迴以前，我們都像是一張白紙，並無差異。進入輪迴以後，極少數人透過在信仰中的修行，將生命畫成了一幅美麗的微笑；大多數人因為沉迷欲望，呈現出來的盡是痛苦的面貌；然後，永恆的喜樂和永遠的哀哭，就分別出來了。

人的本性，就如同白紙一般的無染，有著無限成就的可能，畫出蒙娜麗莎的微笑，立刻就提升至佛性了；萬一錯畫成惡魔路西法的詭笑，等到著色已深，墮入魔性就回不了頭了。而每一次的輪迴轉世，彷彿是肉體在燒成灰燼後，靈魂又重新回復成白紙的狀態，有著再一次畫出美麗微笑的機會，只可惜，手執畫筆的時候，依然改不掉愛畫惡魔詭笑的習慣，只好繼續在娑婆世界中吃苦受罪、逃脫不了被業力綑綁的命運，根本怨不得誰。

從科學的角度來看，人的生命乃由男人的精子和女人的卵子結合而來，也就是從「分別」進入「合一」所造就出來的神蹟。問題在於，由陰陽合一而來的我們，並不喜歡合一，我們張開眼睛所追逐的，仍是分別。所以，男人是男人，女人是女人，有誰認得清自己未生以前，根本就沒有男女分別的面目呢？分別意味著切割，切割意味著不圓滿，不圓滿帶來的，當然就會是缺憾。當我們選擇愛上缺憾，想解脫就不可能了。

知道自性是什麼，才有辦法相信自性是確實存在的。光是相信也沒有用，還要了解如何從失喪的智慧中找回它。找回它也不是就此結束，還必須把它畫成蒙娜麗莎的微笑，懸掛在永恆喜樂的博物館裡，細心保護，再也不讓它燒成灰燼。

在一場大地震的災難中，死了一位篤信佛法的法官和一名曾被該法官判處重刑、但已改過遷善並誠心向佛的罪犯。

他們兩人的靈魂，同時來到陰間，等候投胎轉世的考核。審判官先問那名罪犯說：「你願意和你身後那位曾經判過你重刑的法官，一同前往淨土嗎？」

罪犯回答：「這對我一點影響也沒有，反正我永遠都不會再犯罪了，心中也不積存任何怨恨，要跟誰一起去淨土，根本沒差別。」

審判官點點頭，然後對他說：「去吧！淨土之門，將爲你而開。」

輪到法官上前，審判官問他說：「你願意和你前面那名、曾經被你判過重刑的罪犯，一同前往淨土嗎？」

法官一臉無法置信的表情，語帶慍怒的回答：「開什麼玩笑！罪犯怎有可能往生淨土？法官哪能與罪犯同住？淨土豈會善惡不分？我完全不能接受這樣的安排！」

審判官搖搖頭，然後對他說：「這樣看來，不分善惡的淨土並不適合你。去吧！旁邊的那扇分別善惡門，會是你最好的投生處。但我必須提醒你，當你選擇了分別善惡，你就永遠也離不開罪犯了。」

自性的至高價值，不在於世俗分別出來的身分或地位，無論法官或罪犯，僅僅是在這個世上曾經發生過的過去式，凡是硬要把過去帶進未來的人，即算染著，有染著就不可能促成合一的世界，沒有合一，就不會有眞正的淨土存在。

奧修的觀點是正確的，凡人一樣具足了從有限跨越至無限的可能性，合一指得是，「在分別中不作分別，在變化中無視變化，在有形中跳脫有形，在無常中安住無常。」當自我的侷限被自性超越了以後，小我和大我的界限就打破了，照見自己眞實面目的同時，遇見神就會是常態了。

其實，談成佛成聖的議題，對始終卑微過日子的我們而言，未免太沉重；只不過，那個使我們感到自我卑微的外在狀態，並不能阻擋我們建立起自性偉大的內在心態；別人怎麼想、怎麼看、怎麼說、怎麼對待你，那是他的業；你怎麼想、怎麼看、怎麼說、怎麼對待別人，則是你的業；眞正有能力使你感到卑微的人，向來只有你自己。只須轉一個念頭，卑微的處境就立刻被超越了，這是我們絕對有辦法做到的。

只要你願意笑，沒有人能讓你哭；當你眞的做到從內心裡笑開了，神的力量就會與你合一了。

想自得其樂，先走穩生活步調

樹懶在地球上算是一種極爲奇特的動物，倒不是牠的長相特別奇特，而是牠的動作超級慢。如果換成是人有這樣的習性，當你遇上，又不得不與之互動時，肯定會被對方連轉個頭也要花十秒鐘氣到抓狂。

根據動物學家的研究指出，全世界共計有六種樹懶，全都生活在熱帶森林裡，並以樹葉爲主食。由於葉類食物缺乏營養，卡路里含量低，因此，牠們必須用非常慢的新陳代謝速度來應對低熱量的攝入。但也因爲炎熱潮濕的環境，讓樹懶無需花費大量的能量就能保持肌肉和心血管系統的溫暖，故只吃樹葉是否營養足夠，對樹懶來說，並不成問題，反而是堅持以樹爲根基的這個生活習慣，使牠們很少受到美洲虎等食肉動物的威脅。既然不必爲了尋找食物跑來跑去，就能讓整個生命系統長期處在放鬆的狀態，樹懶還需要閃電般快速的反應要幹什麼，凡事慢慢來就可以了。

另外，樹懶還堅持一種令人百思不解的生活習慣——非從樹上下到地上來「大便」不可。從成年樹懶有超過50％的死亡率是來自於地面掠食者捕獵的數據來看，原本只須待在樹上利用「空投」的方式解決就好了，為何仍要費盡九牛二虎之力爬到地上大便，讓自己身陷危險呢？不說生命危險，光是爬上爬下所消耗的體能就夠牠累的了。

一份刊登於英國皇家學會的研究報告解釋了這個謎題，原來，在樹懶的毛皮當中存活著一種名爲樹懶蛾（Cryptoses spp.）的蟲類和一種綠藻（Trichophilus spp.）植物，三者間有著高度連結的共生關係，爲了讓彼此都受惠，再有多麼危險，樹懶也非爬下來大便不可。例如三趾樹懶會固定一段時間爬下樹排便，當牠來到地面上舒解完畢，那些躲在毛皮裡的樹懶蛾就會伺機在新鮮的糞便中產卵，讓孵化後的幼蟲能以樹懶的糞便爲食，直到長大成蛾，趁著樹懶又再爬下樹大便的時機，跳入樹懶的毛皮中，返回上天爲牠們精心安排的專屬樂園。

研究人員發現，樹懶身上的樹懶蛾密度若是越高，毛皮當中的「無機氮濃度」和「綠藻的量」就越高，那是因爲樹懶蛾死掉後，屍體會被大自然中的分解者，比如「眞菌」之類的給分解，從而進行氨化作用增加無機氮源，此舉正可以刺激綠藻生長，讓樹懶不必遠求，即可在自己身上找到一片有著珍貴營養又容易消化的「菜園」。

在現今匆忙勞碌的社會環境裡，有人對緊繃疲累的生活感到厭倦，開始以樹懶作爲範本，奉行「慢活」哲學；但眞要能夠達到慢活的狀態，一是在物質的擁有上豐富有餘，絲毫不覺欠缺；二是雖然在物質上很貧乏，心態上卻已覺足夠。對於絕大部分的人來說，想過這樣的生活，似乎很困難，即使內心想學樹懶每天悠閒地待在樹上簡單過日子就好，因爲沒有豐富的狀態可憑靠，又無知足的心態能支撐，故就只有甘冒被獵捕的風險爬到地上來便便，看是否也能開闢一方自給自足的菜園。

想過「快活」的生活或「慢活」的生活，均屬個人自由，只要過得快樂，快或慢都很好。怕就怕，應該要快的時候卻慢了下來，應該要慢的時候卻快了起來。比如，好不容易才爬上樹，卻不好好看風景或休息，又忙著東盪西晃、急著找下樹的地方；極不簡單下到地面打算施展身手，卻只大了一坨屎，就又慢吞吞地爬回去，反讓垂涎的老虎盯上你。

人生的過程就像在走一條路，生活的動作等同於腳步，何時該跨步，何時該快走；何時該停步，何時該慢行；何時該爬上，何時該爬下；掌握好正確的步調很重要。路走得好，過程中就能減少許多跌倒的次數。雖然，樹懶堅持下到地面才要大便這個動作看似多此一舉，實則牠是在做對的事（因爲顧及了樹懶蛾和綠藻的生存所需，使樹懶本身也得到了益處。）故卽便是冒著被美洲虎吃掉的風險，牠也不想斷然改變。

只要你所做的事情是對的、是對自己和他人有益處的，哪怕生活過得像樹懶一樣慢，甚或被不明瞭的人投以異樣的眼光，都會是很有意義的。想在匆忙勞碌中自得其樂，其實一點也不難，生活的步調一旦走穩了，緊繃疲累的狀態就與你無關了。

想改變習慣，先重置動機

《原子習慣》這本書會長期占據各大書市的暢銷排行榜，它在封面的副標寫道：「每天都進步1％，一年後，你就會進步37倍；每天都退步1％，一年後，你會弱化到趨近於0！你的一點小改變，將會產生複利效應，如滾雪球般，帶來豐碩的人生成果！」

作者詹姆斯．克利爾在書中提出了四大法則，也就是建立習慣的四個簡單步驟，分別是提示、渴望、回應和獎賞，並鉅細靡遺的論述了實踐的方法，實在是很值得反覆閱讀的一本好書。

但在實踐提示、渴望、回應和獎賞這四個建立習慣的步驟之前，似乎還有一種心態必須重置，否則，雖有簡單步驟卻無強烈「動機」，變成徒具形式，還是達不到效果的。

先說改變壞習慣，比如抽菸或喝酒，在想改變之前，必須先針對爲何要抽菸或喝酒的動機加以檢討，假如抽菸或喝酒的動機是爲了解憂消愁，在那個憂愁尚未真正消解之前，不論你採取什麼方法，也很難改變習慣，頂多是找到另外一個比菸、酒更容易暫時麻痺自己的東西替代，例如毒品，那也只是讓問題變得更糟而已。故應將重點先放在解決根本問題上，而不是硬要藉由什麼方法去改變因問題所造成的習慣。

再談建立好習慣，比如讀書和運動，在想建立以前，必須先從為何要讀書或運動的動機開始著手，不能用只是為了達成某種目的的渴望來強迫自己要這麼做，換句話說，就只是單純的燃起對讀書和運動的熱情，不以目的或獎賞作為考量，因為，人的惰性大於耐性，等經過一段時間後仍做不到、仍得不到，你就會說，也不過是回到像之前一樣，沒差啦！還是算了吧！所以，唯有燃起熱情，並在這股熱情永不退減的推動下，每天都進步1％，一年後就會進步37倍的成果，才有機會達到。

還有一件會造成阻礙的情形必須排除，那就是與你共同生活的人剛好與你有著南轅北轍的觀念，在在與你意欲建立的習慣相互衝突。好比你不太喜歡邋遢，想從此建立起一個愛乾淨、重衛生的習慣，但在你身邊的那個人還是依然故我，活在他自己的垃圾堆裡，並不時對你想要變身成潔淨的人出言相譏，甚至是故意搞破壞，當想改變的心遇上另一顆不想改變的心時，除非兩者之間能從非重置不可的動機中去取得共識，要不然，你吸你的純氧，他抽他的大麻，在得不到健康空氣的環境下，敲響退堂鼓將會是走不下去的最後餘音。

「動機」是源自「心態」所產生的最原始力量的依據，是一切好行爲能夠自始至終、持續到底的靠山。動機意味著，只要一直往那個方向移動，就能取得莫大的機會。只要你在某件事情上先具備了強烈的動機，哪怕泰山崩於前也會勇往直前。其實，想建立好習慣或想改變壞習慣，只須一個念頭確定了，熱情燃燒起來了，做了就不會停，進步37倍的成果就一定看得見。

宇宙的形成，皆是來自原子的分裂後再重組。爲何要先分裂再重組？因爲要從沒有變有、從不好變好，這就是上帝創造萬物時的動機。如果你改變不了舊的壞習慣，那就創造一個新的好習慣，並將大部分的時間放在新的好習慣，舊的壞習慣自然就會慢慢不見。

習慣決定了人生會結出成功或失敗的果實，而動機才是決定要長成何種果實的母根。先確定動機再建立習慣，不管人生將會面臨什麼樣的狀態，都能乘風破浪。

因爲，原子的熱力永遠不滅，可以不斷重組、不停再生。

想減少怨恨，就從不念舊惡開始

「不念舊惡，怨是用希。」這句話出自《倫語．公冶長》，意思是，不要一直掛記著別人往昔所犯的過錯，便能讓人對你產生的怨恨愈來愈少。

話說得沒錯，如果有人一天到晚繫念著你的過犯，必定對你態度輕蔑，甚至會加油添醋、四處散播，唯恐天下不知，使你沒臉見人，你說你能不怨恨嗎？能不逮到機會就予以痛擊或討回公道嗎？所以，不念舊惡，自然少招仇敵，人與人的相處必定愉悅。

這句話也可以是一帖自我療癒的良方——不要常常惦記著自己以前所犯的種種錯誤，避免加深對未來的猶豫與惶恐，從而打消自暴自棄的念頭，重燃信心，再次迎向光明的前途。

不念舊惡，「怨恨」這頭情緒怪獸就沒有機會被生出來，萬一生出來又讓牠強壯起來，放出去咬人，是對別人殘酷；把牠養在心裡，是對自己殘忍；但要怎麼做，才能打從心裡不念舊惡呢？

首先，怨恨必須要有一個投射的對象，因其曾經讓你產生不好的感覺，且已深烙為永難抹滅的疤痕，怨恨才得以存在。比如，妳曾因配偶的不忠誠而撕心裂肺，但為了孩子的緣故，不得不隱忍和選擇原諒。只不過，這個原諒並沒有消除妳對那件過犯的記憶，更不會稍減在那個過程中所承受的痛苦。於是，妳時不時就重提舊事，動不動就火山爆發，在無形中把這個看似已經回歸完整的家庭炸得體無完膚，終日瀰漫著必須藉由傷害彼此才能得到發洩的氣氛。徵結是妳的心情始終沒有過去，反而從久久無法癒合的潰爛傷口中不斷孕育出「新惡」，再這樣一直下去，恐怕連餘生都要受制於怨恨的折磨。

再來，社會風氣亦是兇手；現代人喜說八卦，愛談八卦，會定義為「八卦」就不會是好事，眞的假的不是大家關心的重點，之所以百傳不厭，那是因為，將別人的「舊惡」當成閒聊和評論的話題，是拉攏人際關係的興奮劑，是蹭高自己知名度的加速器。也就是說，「喜念舊惡」儼然已經成為人們一種很正常且戒之不掉的壞習慣了。

當這個壞習慣與生活緊密結合時，怨恨的種籽就會到處發芽，它不但會長大，還會快速繁殖，一旦大多數人都長得像是一朵食人花時，你想不被毒牙咬傷、不被酸水波及，不被傳播媒體的閃光燈毀容，就算躲至天涯海角，也無法保全心靈不被啃噬。

故此，我們必須認眞的看待這件事，世上不存完美的人，誰沒有「舊惡」？舊惡不管對任何人來講，只要他的心地仍是善良的，都算是生命中的一個傷口，我們不希望有人在這個傷口上灑鹽，當然我們也不該成爲在別人傷口上灑鹽的人。

也許你會提出反駁說：「他的心地如果善良，就不致於會傷害別人，更不會做出那種不能見容於社會大衆的事。萬一他舊惡不改，成爲常惡，誰該負責？」

反駁有理，但請問你是當事人嗎？又能淸楚幾分眞相呢？法律的事交給法律去處理，別人的家務事交由他們自家人去論斷，不干我們的事，沒必要隨著群衆盲目的風向去打轉，搞得自己好像是包青天在主持公道一樣。所有關於人的社會事件，無論好壞，對於我們，都只是一種提醒，那樣子的好，我們有做到嗎？那樣子的壞，我們能避免嗎？將別人的舊惡當成借鏡，不使成爲我們將來的新惡，這才算是高人一等的生活智慧。

想減少怨恨，就從不念舊惡開始。目的不在放別人一馬，而是放自己自由。

想跟自己和解，從幫自己解套開始

跟自己「和解」，是近年來很熱門的一個從心理層面去達到自我療癒的話題；爲何要和解？和解意味著兩者之間，過去有仇、充滿敵意、誤會很深、水火不容，但現在不恨了、無畏了、都懂了、放下了。

你和你自己有仇嗎？敵意和誤會從何而來？如果你連肇因都不清楚，談和解就只會淪爲檯面上的空談，檯面下仍是劍拔弩張，反要擔心和解不成，增生裂痕。

和解係從「對立」衍生而來，對立在先，才須和解。對立則表示彼此都覺得己方受到對方的逼迫，不得不採取武裝、劃分界線。而武裝不是爲了殲敵（內外交戰，受傷的都是自己），就只是想保護自己不使被傷得太重。但在面臨長期抗戰又找不出停戰方法的狀態下，已遠遠超過身心所能承載的負荷，於是，和解的呼聲就開始高唱了。

和解絕不是彼此把手伸出來說一聲：「哈囉！我們和解吧！」這麼簡單；跟自己和解，表面上好像只是一個人的事，只要你點頭就算數，事實卻不然，那是由你分裂出來的兩個極端的你在互相拉扯、對抗，如果不是有一方臣服了、妥協了或兩方達成同盟的共識了，結果便會像是台灣與中國大陸的兩岸問題一樣，一邊喊獨立，一邊喊統一，各有各的堅持與不能退讓的底線，那麼，想和解就永無可能了。

你唯一要做的一件事，就是幫自己把套在脖子上的繩索給解開，因爲那是你套的，將繩索勒緊的也是你，也唯有你自己才解得開。好比你常常會陷入自我責備的情緒、會掉進怯懦畏縮的旋渦、會被走不出的傷痛與沉重的責任感所捆綁、會因爲一個又一個的心結，使人生變成了一團糾結。

或許在你的認知上，會以爲是先有來自外在的逼迫才導致了自我的逼迫，但你可會想過，如果是外在的逼迫把你逼至角落，那你痛恨的對象應該是那個外在的人及事，而不該是你自己。當你的痛恨是向外發射時，反而會激發力量；就因爲你的痛恨是朝著自己的心窩刺下去，才使你成爲軟弱不堪的可憐人。能阻止你不要繼續再刺下去的人是誰？除了你自己，還能有誰！

怎麼阻止？像烏克蘭爲了阻止俄國入侵，向美國請求軍援一樣嗎？當然不是；在自我與自我的這場戰爭中，以戰止戰只會造成更大的傷害，唯一能做的，就只有

「談判」，也就是與自我展開對話，而且是有意義的對話，那個最終所得到的好的結果，便是和解。

所以，想跟自己和解，你必須懂得談判的技巧，你必須先把分裂成二的其中一個比較冷靜的你抽拉出來，由這個你來引導後續一切對話的進行。例如：

「抱歉，沒想到我把你傷害得這麼深，連同我也深受其害，是我不對，但我不想再繼續這樣下去，我要走出來，你願意和我一起嗎？」（自我對話時，不能用指責的方式，那將會使你捲入更強烈的逃避。）

「以前我不懂，現在懂了；以前放不下，現在無所謂了；既然有那麼多不好的事情全被我們遇上了，還能怎麼辦呢？這大概就是人生吧！且讓我們換一種心情去面對，別怕，有我陪你。」（命令式的叫喚，會使自我覺得渺小、孤單，採取柔性的自我陪伴，讓自己置身在彷彿有倚靠的心境當中。）

「看你難過，令我心痛；但從現在起，我們必須正視這個問題，我們不是爲了難過才投生到這個世界的，世上的每一個人皆有喜怒哀樂的情緒，也都一定會有悲歡離合的遭遇，我們也只不過是比別人經歷的更加深刻而已。把今生的不幸當成有幸，作爲對自己來世的祝福，這也是值得我們引以爲傲的一種生命態度。」（稱你，我是分別、是說教；稱我們，代表同理心，有助於打開心房，釋放負面能量。）

「在患難中受苦的心使我覺察到一件事，那就是我喜歡你，我喜歡喝你沖泡的咖啡，喜歡聽你輕輕哼唱著歌曲，喜歡你淺淺的酒渦裡藏著甜甜的笑意。可否容我拜託你，當你感到牢籠靠近、呼吸急促時，請爲我泡一杯咖啡、唱一首歌曲、再給我一個迷人的眼神，卽便全世界的人都背叛了你，別慌，還有我保護你，我是你最好的朋友，永不離棄。」（在找不到其他可靠的他力援助下，當造成心神波動的外因無法被消滅或排除時，最大的支撐力量，就是建立起自己對自我的信仰，猶如基督徒堅信「神必然愛我」所產生的信心一般。）

其實，單是和解仍是不夠的，誰敢保證雙方在簽立和平契約後，不會有人因故反悔！況且，和解是兩個人的事，就算和解，你還是擺脫不了有兩個分裂的你的陰影。想徹底解決問題，惟有讓自己的心念合一、心態統一，並將所有不好的心境歸一，如此一來，解一結卽解千結，緊勒在脖子上的套索就會自動鬆開。

坦白說，想達成人間的任何一種和解均屬難事，光是談判的過程，就會累死人，與其費力和解，不如腦袋放空，將一切的是是非非交給上蒼，拿想不開的時間，躺坐在藍天白雲底下，聽聽濤聲、曬曬太陽、笑它個世人皆醒我獨醉，人生不也是一樣的過，對不對！

想調伏壓力，先調整心態

地球自轉一週的速度大約是每小時1600公里，這麼快的旋轉速度，為何地球上沒有任何一樣東西被甩出外太空？答案是，下有地心引力，上有大氣壓力的緣故。

如果不是科學家找出了答案，我們可能永遠也不知道，自己原來活在看不見的引力和壓力當中。

雖然看不見，但可以感覺得到，否則我們不會總是不自覺的被外物吸引，動不動就感到壓迫臨身。換句話說，活在世上，會受到引力的拉扯以及壓力的逼迫，是必然的。

「引力」意味著，不是你想把別人吸引過來，就是別人想把你吸引過去，吸引來，吸引去，就看誰的定力比較強。

「壓力」意味著，你想達成某個目的，但達不到；你想擺脫某個人、某件事、某個環境，但擺脫不掉；集無助、無奈、著急和緊張於一身，牢牢被壓著喘不過氣。

曾有專家提出調伏壓力的五個步驟，分別是了解、面對、接受、放鬆及忽略。化繁爲簡的話，可以總結出以下的論述：

「了解」是指，知道形成壓力的原因，摸清對手底細，擬定戰略。

「面對」是指，採取行動，上桌談判，看是要和解，還是撕破臉。

「接受」是指，逃避不了，抵抗不成，那就逆來順受，忍耐爲奴。

「放鬆」是指，既已爲奴，何妨看開，轉移人生目標，苦中作樂。

「忽略」是指，一切交給時間去處理，發燒總有一天會降溫，傷口總有一天會癒合，烏雲總有一天會散去，凡事不往心裡擱，再怎麼過不去，也不要跟自己過不去。

有一名在知名製藥公司上班的業務員，再過五年就符合申請退休的資格，但他再也忍受不了頂頭上司每天對他頤指氣使的惡劣態度，想辭職換工作又不可能，每天都過得很痛苦，壓力大到幾乎想拿刀殺人，這可怎麼辦？

後來，他作了一個夢，夢到上司主管得了癌症，餘命剩不到五年，還看到自己風光的坐上了主管的位子。

一覺醒來，他上班的心情大爲轉變，從此不再害怕面對主管，反而會在對方破口大罵的同時，用同情的眼光去看待。

其實，先前令他不爽的狀態有改變嗎？並沒有，改變的是他的心態。重點也不是那位主管有無得癌症，五年內會不會死，反正這幾年他可以高高興興的度過，等五年一到，發覺原來是夢一場也無所謂，申請退休走人就是了。

想要調伏壓力，採行上述的五個步驟，固然有幫助，但眞正有效益的前提是「心態」；如果心態不健康，不懂得變通，等於失去有力的靠山，哪還有冷靜的頭腦，一步步的去解開心中的枷鎖。當心態強健起來時，調伏壓力這五個步驟，無須你抱著滿腹的怨恨去苦苦練習，它就會自動爲你排開。

想調伏壓力，先調整心態；生命本來就是靠著引力和壓力才能存活的；嚴格來講，處在壓力之中，反而是一種可以經由外在磨練去提昇自我的機會，只要學會調整壓力在我們心裡的密度，不要懼怕它的厚度，凡事都能站在一個更寬廣的角度去觀照，卽便令人愁煩的人生狀態一再接踵而至，因爲它壓不垮我們，反而會在壓力得到釋放之後，產生獨特的吸引力，吸引衆人向我們靠近。因爲，我們的身上散發著一股別人想學卻怎麼也學不起來的魅力。

想擺脫貧窮，先教別人富有

乍看這個標題，似乎非常矛盾，自己都已經貧窮到三餐只吃粗茶淡飯了，要拿什麼、憑什麼教別人富有？

貧窮的人可分為兩類，一類是無才、無能又無膽識的人；一類是有才、有能但沒膽識的人。不論你是屬於第一類或第二類，想擺脫貧窮的機會，其實都一樣，只要你能替自己安裝上一具「膽識」的引擎，就能輕易地打通財富的任督二脈。

膽識，膽量與見識；膽量小，見識肯定淺，因為凡事皆不敢嘗試；見識淺，膽量肯定小，因為凡事都看不清楚。所以，膽量與見識是相輔相成、互為體用的。單有膽量卻沒有見識，做起事來就只有莽撞，做不成事還搞得滿身是傷；單有見識卻沒有膽量，做起事來就會畏首畏尾，因為看得多導致擔心也多，事情老是做一半，想富有，除非樂透中頭獎。

膽量靠訓練，見識靠磨練，先把見識磨練到一個程度，再順著見識的層面去訓練膽量，很快就能看見成績。

試舉三則實例來說明——

第一個例子：日治時代前期，原本在糖廠做苦力的唐榮，因想過著比較穩定的生活而開設了一間米店，卻在無意中接觸到廢棄鋼鐵機械進出口的生意，經過他仔細的觀察，發覺重工業將會在戰後出現龐大的商機，有希望爲許多找不到工作的窮苦人帶來一線生機。只不過，外行人想入門，必須克服重重的困難，但他不因此猶豫，決定好好利用這個意外得來的見識，抱持信心，大膽投入僅存的資本，叫兒子唐傳宗赴日學習冶煉技術，同時聘請日本技師回台，並收購日治時代留下的煉鋼設備，在1940年5月1日創立「唐榮鐵工所」，成爲台灣最早的民營鋼鐵工廠。後來，唐榮爲了讓更多的人能夠有錢過日子，開始擴大招募員工，間接促使事業版圖不斷擴張，從原本對外收購廢鐵發展到以低價購入二戰時期的日本廢棄軍艦來煉鐵，使當時的高雄港一度成爲國際拆船業的重心。才短短不到一年時間，唐榮鐵工廠的日產鋼鐵就已經到達200噸的驚人產量，推升了全台灣的經濟起飛，創造了高雄「鋼鐵之都」的盛況，得到「南唐榮，北大同」的美名，榮登台灣鋼鐵大王的寶座。

當唐榮把膽識這個特質加進來，才算是正式踏上了擺脫貧窮的路途，但眞正到達富有的狀態，是在他給了許多人有薪水收入的機會，而這些人反過來拼命爲他賣力工作之後。

第二個例子：在中國快速竄起的阿里巴巴集團創辦人馬雲，曾經也是一個窮小子，透過網際網路無遠弗屆的便捷性，讓他發現了「電商」即將在不久後出現爆炸性成長的創業機會，但他著眼的基礎不是自己開設一家「電舖」賣貨，而是成立一個人人均可上架賣東西的交易平台，不惜到處借錢，寧可虧錢，也要讓生意變得好做，讓大家無須付出額外成本就能輕易賺到荷包滿滿。就因爲這個過人的見識及膽量，阿里巴巴集團才能日益壯大，因爲只要是想在網路上賣東西的人都一窩蜂的迎向了馬雲的呼召。最後，到底是誰成了眞正富有的人呢？

第三個例子：自媒體的風行，造就了許多的網紅，像是專門以教人學習如何成爲百萬youtuber達到月入數十萬元目標爲題材拍片的某些人。就因爲題材選得好，夠吸引人，所以點閱率動輒均以數萬甚至數十萬次起跳；流量帶來人氣，人氣再藉由廣告分潤變現成鈔票，美其名是教你賺錢，其實在你尚未賺到錢之前，他或她，就已經開始賺錢了。這跟youtuber本身有無特殊的才能沒多大關係，關鍵在於，他或她看準了你的迫切需要，抓住了你的內心渴望，擄獲了你急於發財的眼球，就只是確認了一個能從教你賺錢且能讓自己致富的見識，再加上敢在鏡頭前侃侃而談的膽量，成功就在望了，貧窮從此就擺脫了。

現在，你應該有所明白，爲何你始終擺脫不了貧窮？就是因爲你不具備先教別人富有的膽識，只顧著追求如何快速致富的技巧，結果，錢進到別人口袋裡，自己卻還是越學越窮。

多看多學是好的，但要能見人所不見，學人所不學；有勇還要有謀，具備膽量去謀取大衆的需求，把自身的利益放在最後。說穿了，這也算是投資，將己欲的心力先投注在別人身上，一旦別人茁壯了，自然就會爲你獻上果實。

當生命遇見痛苦

當生命遇見痛苦，使我們的身心陷入飽受煎熬的長期爭戰中，會出現二種極端，一端是想活，活不好；另一端是想死，死不了。

有一個七歲的小男孩站在爺爺的病床前，天真地問說：「爺爺！媽媽告訴我說，再過不久，會有天使從天上下來把你接去天國，等去到那裡，生病和死亡這種事就再也不會發生了，你會一直快樂的活著，直到永遠，是眞的嗎？」

爺爺強吐著微弱到不行的氣息，勉力擠出一絲笑容說：「呵呵！爺爺這輩子活了九十多歲，都已經覺得好累了，實在是不敢想像，永遠活著會是什麼樣子？你能告訴爺爺，在凡事沒有新花樣的情況下，有什麼事情或東西，是可以讓你一直做或一直玩，直到永遠都感到非常快樂的？如果沒有，永遠活著不死，豈不是比我現在這樣更痛苦？」

小男孩聽不太懂爺爺在他臨死前所領悟到的生命哲理，傻笑著問：「如果你不想永遠活著，除了天國以外，你還可以去哪裡？」

爺爺說：「我也不知道還有哪裡可以去！如果可以讓我自己選，我只想去一個能夠讓我永遠安息的地方。我覺得，上天應該要讓舊的生命進入安息，交由新的生命盡情發揮，這才是生命永存的意義。如果眞有一個地方可以讓我得享安息，那我就不會再遇見痛苦，這要比永遠活著卻不知道要幹什麼的無聊之苦，還好上幾百倍呢！」

小男孩對於一個老人的臨終感言，尙未達到足以理解的年紀，但有一點他看得懂，那就是，爺爺嘴巴一直唸說想死想死，說了好多年，都無法如願，他活得很痛苦。

出自於《聖經》的「永生」概念，雖然爲生命帶來了跨越死亡的盼望，但對於「喜樂」的內涵則找不到完整解釋。假如人死後，還保留著相同的形象、相同的身分、相同的心思、相同的頭腦、相同的習慣，換個地方生活，就只是永遠活著，能過得比較快樂嗎？假如一切都更新，對舊事不復記憶，你怎麼知道原來的你是誰？是誰得到了永生？又是誰遠離了痛苦？

痛苦，並不只是活在不病、不老、不死的狀態下就可以遠離，假使你用的是與過往相同的一種心態活著，不管在哪裡活，能活多久，痛苦的覺受都不會消失；因爲你的快樂，是從得著倚賴而來，但外在環境不可能完全配合你所要求的倚賴，哪怕是天國，皆有它運作的法則，怎可能順著你一個人的意思，這樣一來，受限的痛苦就除不去了，活在地上或活在天上，其實一點差別也沒有。

要想發現眞正的喜樂泉源所在，必須是當生命遇見痛苦的時候，能夠做到忽視痛苦、淡化痛苦、超越痛苦。但要如何做到呢？一如爺爺說的，「進入安息」，也就是「安頓身心、煩惱平息」。如果可以將安息的智慧放在我們的心眼當中，無論是活著、還是死了，都會對痛苦視而不見。

安頓身心要做的，就只是順應天意的安排，不怨嘆、肯承擔，靜靜等待落幕的時刻。

煩惱平息要做的，就只有斷除自我的偏執，不計較、願寬容，好好體驗人生的經歷。

光陰似箭，小男孩長大了，在經歷了許多的磨難與傷痛之後，他來到爺爺的墳前說：「爺爺！我想我終於能夠稍稍體會您曾經對我說過的那些話。如今，我不敢奢求自己有幸不再遇見痛苦，但我會試著努力做到，當痛苦找上我的時候，我絕不讓它輕易佔據我的內心。但願住在安息之地的您可以保佑我，幫助我讓我的身心能夠安頓、煩惱可以平息。」

安息，不是躺進墳墓，是在活著的時候，我們的靈魂就已率先走入祥和的國度。

當蛤蟆先生遇見青蛙小姐

以下的敍述發生在《蛤蟆先生去看心理師》這本書的故事結尾之後，內容與原作者無關，但絕對與我們其中的任何一個人有關。

蛤蟆先生自從去找蒼鷺做過心理諮商後，心情漸漸開朗起來，很多放在心裡頭的疙瘩，似乎是因爲懂得去覺察問題的根源所在，透過對答案的自我發現，變得不像以前那般在意了。

牠一直記得蒼鷺對牠說過的話：「這聽起來也許有些殘酷，蛤蟆，能幫助你的人是你自己，也只有你自己。有很多問題你需要對自己提問。舉例來說，你能『停止審判』自己嗎？你能對自己好一點嗎？也許最重要的問題是，你能開始『愛』自己嗎？」

蛤蟆先生照著蒼鷺的建議，試著學習，期待能夠從此活出更棒的自己。可心中仍存有一個極大的疑問——「蛤蟆眞的可以變成青蛙嗎？又或者，我本來就是青蛙，因被別人看作是蛤蟆，才誤以爲自己是蛤蟆？」牠打算找一隻青蛙來問問，希望藉由觀摩，找出其中的差異之處；於是，牠遇見了青蛙小姐。

蛤蟆先生很有禮貌的向青蛙小姐自我介紹，並表達自己想要找出能否成爲青蛙的方法，不料卻被青蛙小姐的一句話給嚇到了：「成爲青蛙有什麼好？」

蛤蟆先生回答道：「青蛙是美麗的、是高雅的、是被人所喜愛的；而蛤蟆是醜陋的、是低俗的、是被人所討厭的；怎麼會不好呢？」

青蛙小姐面無表情的瞅了蛤蟆先生一眼，說：「與其是在青蛙族群中最醜陋、最低俗、最被討厭的一隻青蛙，我倒寧願自已是一隻在蛤蟆族群中最美麗、最高雅、最被喜愛的蛤蟆。」

蛤蟆先生吃驚地凝視著青蛙小姐，心中詫異地捉摸著：「原來，在努力成爲青蛙之後，並不見得就是完美，反有可能變成一隻最不完美的青蛙，同樣會在不同的領域中，遭受到相同的嘲笑與歧視。」

蛤蟆先生覺得青蛙小姐跟牠一樣需要去看心理師，就把自己做過十次諮商的過程和從中獲益的感想，詳細的告訴了青蛙小姐，鼓勵她不妨也試試看。

青蛙小姐說：「我不想跟陌生人坦言有關個人的私密心事。再說，對方怎麼知道我所陳述的全部細節有眞實還原完整的情狀？如果我的陳述不夠眞實，我的情緒不夠客觀，諮商再多次都只是流於形式，跟隨便找個好心的局外人來暫時取暖一下的意思差不多，根本解決不了扎根已深的問題，更別提可以解開內心的枷鎖。」

蛤蟆先生安慰她說：「妳說的也許對，但問題就出在妳自己呀！只要妳願意像我一樣敞開心房，絕對會對妳產生幫助的。」

青蛙小姐忽然一臉嚴肅的說：「我問你，心理師告訴你，說你其實不是蛤蟆，是一隻青蛙，結果你也眞的認爲自己是一隻青蛙，接下來咧？當你發覺成爲青蛙以後，並不如預期的那麼好，你又想成爲什麼？再去找心理師諮商，繼續追尋下一個又下一個以爲會更好的自己？」

蛤蟆先生覺得青蛙小姐的思考模式有些偏激，加緊鼓勵她說：「妳說的這些都只是過程，如果不透過自我追尋，我們永遠也不會明白自己是什麼，能成爲什麼？」

青蛙小姐無力地嘆了一口氣：「你還是沒有搞懂，眞正的重點是，我已經知道自己是青蛙了，但我始終無法接受自己是青蛙的事實，因爲我沒有能力把自己改變得更好，沒有辦法單純透過心理催眠來逃避自己的不完美。」

蛤蟆先生頓時領悟過來了，當蒼鷺要牠向自己提問說，你能開始愛自己嗎？那個該要被愛的自己，不是去相信自己有能力成爲青蛙後的自己，是愛本來就是蛤蟆的自己，這當中根本不需要改變什麼、努力什麼、追尋什麼，就只有愛自己、接受自己，如此而已。但，這也是最困難、最不容易做到的地方。而心理諮商就像是醫師開藥方，如果患者不願意去藥房配藥、不願意服藥、對藥方沒有信心、對自我永遠欠缺認同，那是一點效果也沒有的。所以，青蛙小姐拒絕去看心理師，不是不相信心理師，是不相信她自己。

蛤蟆先生不再勸慰青蛙小姐，僅僅是輕輕握起她的手對她說：「看在我的眼裡，妳就是最完美的，如果妳不嫌棄我的醜陋和低俗，我願意一直陪伴著妳，我會讓妳知道，妳值得被愛。」

青蛙小姐開懷地笑了，只見一隻蛤蟆和一隻青蛙互相牽著手的背影逐漸消失在夕陽餘暉下，分不清誰是誰。

蛤蟆先生終於知道，所有的心理問題都是因爲缺少眞誠的陪伴，要解決自己的心理問題，先眞誠的去陪伴別人，一旦生出自信，覆蓋了心態上的不完美，一切解鎖的答案，就會浮現在那個彼此相契的笑容裡。

盡最大的心意，做好每一筆交易

乞丐算不算是失敗者？

如果拿這個問題去問一百個人，得到的回答應該都一樣，乞丐當然是失敗者，乞丐如果不算失敗者，天底下就沒有失敗者了。

有趣的是，在某位大學教授的眼裡，尤其他還是經濟學領域的知名專家，竟完全否定這樣的結論。

這位教授帶著幾位學生前往火車站尋找乞丐作研究，並在人行地下道中找到了三名乞丐。他們先在一旁靜靜觀察了一會兒，發現三人當中有一人的生意特別好；從外表看來，他不是最可憐的一個，也不覺得有什麼特別值得同情的地方，但爲何經過的行人，多半選擇將金錢施捨給他呢？

教授若無其事的走了過去，先掏出一張百元鈔票，彎腰放進擺在那名乞丐面前的碗裡，隨即見到那名乞丐以跪姿向教授叩了一個頭，接著用一種彷彿向恩人拜謝的語氣說：「謝謝您！願菩薩保佑您！」

教授沒有離開，而是又從口袋裡拿出了一枚十元硬幣投入碗中，那名乞丐同樣以跪姿再向教授叩了一個頭，並說：「謝謝您！願佛祖保佑您！」

教授還是不走，再掏出一枚一元硬幣給了他，儘管金額變少，有給跟沒給差不多，但那名乞丐對施捨者所表現的態度卻始終如一，仍是同樣的跪姿，同樣的叩頭，同樣獻上他的感謝與祝福：「謝謝您！願上帝的祝福永遠與您同在。」

學生不解教授這麼做的用意是什麼？感覺好像在戲弄。事後追問才恍然大悟，原來整個過程的縮影，正是一堂經典的「交易學」。

教授解釋說：「當我單方面送出金錢的時候，的確可以算是『施捨』，但當乞丐用叩頭回應我這個施捨的行爲後，它就變成了一種交易，等於我付錢買他的自尊，讓我在無形中覺得自己好像很偉大、很崇高、很了不起。每一個會選擇把錢施捨給他的人，在潛意識裡大都存有此種心態，跟同情或憐憫已然無關，純粹是想在這場交易中獲得心靈上的小小慰藉。」

教授另外還下了一個定義：「在你們的眼中，乞丐或許是人生最大的失敗者，但就那名乞丐而言，他卻是一位最成功的交易家。不論你施捨金錢的多寡，他都會盡他最大的心意來回報你，這使你不敢輕視他，反而願意敬重他，不知不覺，只要經過他的面前，就想跟他再來一場交易，而且，付出的金額會愈來愈大，因為你不想讓他瞧不起你。」

乞丐不只是一種身分，它也算得上是一種職業，他得到報酬的方式，可以是利用可憐來激發你的慈悲心，也可以是故作卑賤來突顯你的高貴，更可以是坦誠表明欠缺，透過讓你有機會付出來證明你原來還有餘，減少對生活不足的抱怨。乞丐不過就是用一種被我們嗤之以鼻的模式在上班，只要你願意買單，完成交易，他就賺到了，這是你情我願，誰也不欠誰。所謂的「經濟」，不就是這麼一回事嗎！

如同教授所言，如果那名乞丐也算得上是一位成功的交易家，那他就不是失敗者，他用他可以做得到的方式，盡最大的心意去做好每一筆來到他面前的交易，讓每一個掏錢的人都覺得心甘情願。他是乞丐沒錯，但在工作時，並沒有比別人更勞心勞力；當他收工後，也沒有活得比別人差。

活在世上的每時每刻，都像是在進行交易，因為生命的本身不可能自給自足，無論是物質的，感情的，心靈的，有形的，無形的，我們不是在跟人作交易，就是在跟鬼神作交易。交易的好，日子必然過得順利；交易的不好，懷裡抱著的，當然就只剩下一顆乞討的心。

如果乞丐都能夠成爲人生的交易高手，我們有什麼理由輸給乞丐呢！盡最大的心意去做好每一筆來到我們面前的交易，促使每一個可以滿足我們需要的人都覺得心甘情願，不管做什麼，誰也別想讓我們貼上失敗者的標籤。

與人相處好一點，收穫才能多一點

根據統計，有爲數不少的人，在人際關係的互動上頻頻出現問題，後續所造成的影響，除了常常感到諸事不順外，心情也總是覺得鬱鬱寡歡。

這樣的人大多會將問題移轉至是「社恐症」在作祟，是因爲恐怖的社會令人無法適應，而不是自己的個性太古怪，以逃避面對不佳狀態時的無能爲力。

爲什麼會無能爲力？那個不佳狀態究竟是衆人與你犯沖，還是你本來就是個刺蝟？又或者是將自己封閉得太緊，令人不得其門而入，只好避而遠之？

「活」這個字大有學問，舌頭必須在唾液分泌充足的環境裡才動得起來，「舌」若是少了「水」，意味著人也活不了。換句話說，想要活得好，就必須讓舌頭常處在濕潤柔軟的環境裡，舌頭舒服了（例如品嚐美酒佳餚），人也就舒暢了。

但要如何常讓舌頭保持在濕潤柔軟的環境裡呢？這裡說的，不單指將精緻的食物送進嘴巴裡，卽便一日三餐外加下午茶和宵夜全是美酒佳餚，吃多了，胃腸還是會受不了的；是教你運用舌頭去創造一個能夠令人感到舒服的氛圍；然後，本來心硬情冷卻被你所創造出來的氛圍給融化成水的人，就會反過來使你舒服了。

「溝通」是人與人之間交流及理解的唯一途徑，「話語」則是彼此能否產生連結和共識的唯一橋樑。想把話語說得進退得宜，使聽聞的人如沐春風，不外乎掌握五項重要元素：

一、尊重：尊重對方是建立良好人際關係的基礎，語帶任何批評、嘲笑或貶低的言詞，只會讓人更加的討厭你，縱然，你所言甚是、貼近事實，也不代表對方願意接受你的指教；遇到意見分歧時，萬不可在第一時間據理反駁或糾正對方的觀點和想法，僅須以微笑替代內心的不認同，這樣你才有機會將自己的意見解釋的更完善、教對方更明白，拉大協商空間，避免分歧難解。

二、傾聽：與人相處，耐心聆聽對方講話是一件極爲重要的事，不要隨意打斷對方或插話。因爲，聆聽是了解對方的關鍵，不管對方的情緒反應是喜是悲、是煩是怒，聽出重點才能在接下來的談話中，精準地幫助你使用正確的語詞，切中對方的感受，讓對方知道你是眞懂他的。傾聽不是不說，而是預備周全，才能搭建最穩固的橋樑。

三、表達清晰：讓人看一眼卽明瞭的指路牌，只須標示一個方向箭頭就夠了，最忌七彎八拐、模棱兩可。表達如果不清晰，溝通必然有障礙，除了不要使用暗示或含糊不清的言語，恐怕導致誤解和不必要的糾紛外，在某些時刻，開門見山會是最好的方式。例如外科醫生問求診的患者說：「造成你右足穿刺傷的東西是何物？」患者開始從他早晨起床，爲了趕在學生上學前，至校園清除颱風過後斷落的樹枝，如何急忙地忘記吃早餐，如何緊張地開著快車奔馳，如何謹慎的拿著工具清理，如何如何的將所有過程，從頭至尾、鉅細靡遺、搭配彷彿勇奪金像獎最佳男演員的聲色演出，足足超過十分鐘，最後才講出答案：「中東海棗的針葉。」遇到此種情況，只給對方最需要的線索，一語道破，其餘免談，這才是利人（讓醫生能夠又快又準的用藥）利己（讓自己也能夠既快且準的得救）的雙贏表達。你喜歡講故事，論英勇，等茶餘飯後，吃飽了沒事幹，再說給有興趣聽的人聽吧！

四、謙虛有禮：禮貌和友善的態度可以讓你與人相處的更加順利，尤其是謙虛的語氣、合宜的表情和柔軟的姿態，先不先就能讓人感到易於親近和放下心防；養成習慣後，你會發現，自己使用帶有攻擊性或挑釁性的言語逐漸變少，不再動不動就出現情緒化的暴躁行爲，人緣自然越來越好。

五、用心關注：與人相處時，如果總是投其所「好」，得到的只有是對方在表面上的一時感謝，因爲你不可能永遠有辦法滿足別人的欲望。但如果是投其所「需」，在他最需要的時候伸出援手，那你得到的就會是對方長久的感恩。所以你要學會用心關注，時時關注你想要與之往來對象的需要和感受，儘可能在你能力所及的範圍內提供協助或支持，哪怕只有話語上的鼓勵與安慰，都能促使彼此的關係更緊密。

總而言之，與人相處不好，絕不是你命中註定和誰犯沖，也不是你天生就是一隻刺蝟，是因爲不曉得要將尊重、傾聽、表達清晰、謙虛有禮和用心關注這五項關鍵元素放進彼此互動的過程裡，才使你變成只想躲在繭中的毛蟲。如果你能夠學習並掌握住這些要點，肯定會被人視爲是好父母、好長官、好老闆、好員工、好同事、好朋友、好情人、好丈夫、好太太、好兒女、好兄弟姐妹等等。當大家都越來越喜歡你時，你的收獲就會是——順利多一點、回饋多一點、快樂多一點，幸福多一點。

只要與人相處好一點，你就能這裡收獲多一點，那裡收獲多一點，加總起來，便是豐足人生的好大一點。

樂在於心，不在於事

古人認爲人生有四大樂事，分別是「久旱逢甘霖」、「他鄉遇故知」、「洞房花燭夜」、「金榜提名時」。直到今日，環境變了，社會變了，人心變了，「樂」也跟著變了。

農業時代，天不降雨則作物不生，視「久旱逢甘霖」爲樂事，很正常。工商時代，大雨不停則寸步難行，「久雨逢晴天」也算樂事一件。

古時交通不便，一經分離，難有音訊，思念之餘還能在他鄉巧遇故知，怎不令人欣喜！今時科技發達，即使遠在天邊，也能透過3C產品密切連繫，宛若近在眼前；可一天到晚粘著，反倒覺得厭膩，有時，「不遇」比「巧遇」還要高興。

以前男女婚嫁靠得是媒妁之言，不到洞房花燭夜那天，很難想像柔指交纏的肌膚之親，說是「大喜」之日，並不誇張。但到了現在，床第之事好比吃飯，未婚生子也稀鬆平常，隨時隨地都可以大喜，隨之而來的是，剪不斷的複雜關係，理不完的情感愁緒和扛不動的家庭重擔。爽快一時，煩憂一世，倘能將一切都抹去，恐怕還樂活得多。

從古至今，「金榜提名，光宗耀祖」乃是傳統，十年寒窗無人問，一舉成名天下知，當然要九族同樂。但翻開史實一看，皇帝常常換，伴君如伴虎，官官相鬥，朝不保夕，縱有功名之樂，卻不一定是齊家之福。所謂的「無災無病到公卿」，純屬妄想，與其在惶然中等待告老還鄉，倒不如過著閒雲野鶴的日子，更清鬆自在。

作爲一個現代人，能樂的事還有很多，例如，「久震瓦沒破」、「開店客自來」、「妻妾不爭吵」、「選舉得高票」等等。爲何會將這些事情也視爲樂事？因爲很難如願，所以總是祈禱。

因事而樂，這個快樂不會長久，也不可能在感覺上維持不變，原因就出在那個「事」的狀態並不完善，一旦外在的狀態起了變化或不如預期，「樂」就立刻消失了。

每天都能遇著令人快樂的事，當然很好，但如果是爲了得到快樂，誤以爲只要努力做成某件事就能快活一輩子的話，那就是本末倒置了。

一個眞正能夠讓快樂維持下去的狀態，是無法經由做任何事情的成果來達成的，想要有此感受，就只能從心態上去改變。當你的心態是快樂的，天雨或天晴有什麼差別呢？一樣可以儘情的歌唱。吃好一點或差一點有什麼關係呢？一樣可以笑得很開懷。經歷人生的酸甜苦辣，細數刻在心底的歡喜憂傷，哪怕日子過得清苦，亦無須在意，反正苦也一天，樂也一天，那就選樂不選苦。

是啊！當我們的心是快樂的，就不會有什麼事是不快樂的，凡事只要換個角度，即便看見的是背影，也會是同樣的美麗。

緣起性空，業來就讓它業去

有一個篤信佛教的年輕人，趕著要去參加某間寺廟所舉辦的超度法會，隨手在路口招了一輛計程車，並拜託司機大哥儘量開快一點兒。

當車子像風一般的速度行駛在蜿蜒的山徑時，忽然自路旁草叢竄出一條閃著銀光的錦蛇，嚇得司機急忙回轉方向盤，但因煞車不住，打滑撞上山壁，造成車燈毀損，所幸無人受傷。

年輕人驚魂未甫的下車察看，在目睹了錦蛇被輾爆的死狀後，開始責怪司機說：「看看你做得好事！不但害我來不及參加法會，還造下殺業，這筆債，我看你將來怎麼還？」

司機聽了，氣得破口大罵，他說：「混小子！你才搞不清楚狀況咧！叫車的人是你，叫我開快的人也是你，若不是你，我不可能會閒閒沒事幹跑到這裡來輾死一條蛇，還撞壞了我的愛車。所以啦！始作俑者是你，造殺業的人是你，要負責賠償我損失的人，當然也是你。」

這件僵持不下的爭議，最後鬧進了派出所，協助處理的員警對他們說：「關於車子損壞賠償的部分，你們若是談不攏，可交由保險公司審核或交由法院裁定；至於是誰造下殺業這個問題，我建議你們去問佛祖吧！」

事後，年輕人對自己是否造下殺業，耿耿於懷，心中總有一塊報應不爽的大石壓著，始終悶悶不樂。

因爲「知」業，所以「怕」業；因爲「怕」業，所以心生罣礙，遇事戰兢，動輒得咎，很難放心的過日子。

爲什麼會發生這樣的事故呢？假設是業力使然，應該要將其視爲是「舊業」抑或是「新業」？如果是舊業，錦蛇的暴斃，會不會恰巧是來還債的？如果是新業，錦蛇的自尋死路，有無可能是命定的解脫時機，無關他人的造孽？關鍵在於，錦蛇有因此生恨，誓言血債血還嗎？不知道！正因爲我們不知道，不能參透箇中的因緣牽扯，才會對「業」感到無比的害怕。

惡業固然不能造，但在生命存亡的歷程中，不造業是不可能的；佛陀深知我們將爲此形成障礙，致使學佛之路走的舉步維艱，故特別講了「緣起性空」這個法門，意思是不要對任何不知其所以的緣起現象心生怖畏，也不必爲了未來可能會發生的因果業報而心生攪擾；緣起緣滅，不可執著，該承擔的就承擔，該放下的就放下，隨時將心性保持在空明的境界，便能凌駕於一切短暫聚合的假相之上，持守安祥。

如果想要日子過得安和平靜，就不能老是心繫業報，一天到晚擔心這個，害怕那個，反倒愈活愈不快樂了，這絕不是佛法的正確教導。「法」這個字是「水」與「去」的組合，用乾淨的水把髒汙洗去，即是法。洗淨髒汙的水已隨著髒汙一同流走，不再需要了，爲何還要對它心存掛慮呢？

緣起性空，業來就讓它業去，好像澄明的天空，有時烏雲密布，有時彩霞斜抹，不論因緣來自何方，都無礙於它的本來面目。

蝸牛不是牛，你是蝸牛還是牛？

有一隻水牛走在路上，忽然被一隻蝸牛叫住，令牠感到很好奇，不知道這個小傢伙想幹什麼！

蝸牛對水牛說：「上帝眞是不公平！我和你的名字裡都有牛，爲什麼你那麼大，我這麼小？你走一步，我得走上百步！」

水牛笑著說：「噢！你叫住我，原來是爲了這件事呀！坦白告訴你，我可一點兒也不喜歡上帝的安排，要不是有人拿鞭子抽打我，我寧願走得像你一樣慢。如果你想讓自己走得快一些，試試叫人在背後鞭打你，或許你也能走得比現在還要快。哞噢！再見了。」

蝸牛聽取了水牛的建議，找蟋蟀來幫忙，希望借助牠強壯的後腿，猛力狠踹自己的後背，期盼不久之後就能超越自己在速度上的極限。

經過一連30天的密集訓練，蝸牛問蟋蟀說：「你覺得依我現在的速度，追得上水牛嗎？」

蟋蟀冷哼了一聲說：「我勸你還是別作夢了！」

蝸牛不情願的又問：「難道我沒有走得比以前更快嗎？」

蟋蟀有些不耐煩的回答：「就蝸牛而言，經過努力鍛練之後，你走路的速度確實是比以前快多了，可你畢竟還是一隻蝸牛，永遠也不可能追得上水牛，這是你必須要認清的事實。好了，訓練到此結束，我累了，以後別再來煩我。」

蝸牛和水牛最大的不同，不是大小的問題，行走的速度也不能用等同的距離來比較，蝸牛之所以走得比水牛慢，是因爲牠身上永遠揹著負擔，而不是牠不夠努力。

我們不該輕看自己，但也不能過度看重自己；激勵自己突破極限是對的，但若無法卸下現有的包袱，單靠意志上的激勵是達不到效果的；設定人生目標是必須的，但若設定超過自己能力所及的範圍太遠，那個目標反而是有害的；只管努力實踐，不管結果如何，志氣雖然值得嘉許，但不能用錯地方，到頭來恐怕白費力氣。

當我們去聆聽一位成功人士講述他從失敗中站起來的經驗時，往往在那個受到激勵的當下，並不能眞實的理解他所經歷的狀態以及完整地學習到他的心態，因爲不夠深刻的緣故。好比說「鞭打」，到底是怎樣的一種鞭打，才能打得出成就？換到我們身上，又能承受幾分呢？不知道，因爲用耳朵聽的和用皮肉去感受的，根本就是兩回事。如果眞能領會，那就不會只專注在前半段的血汗經歷，對於「我可一點兒也不喜歡上帝的安排，要不是有人拿鞭子抽打我，我寧願走的像你一樣慢。」的生命體悟，也會產生相契的感觸。

同樣是人，有的人活得像蝸牛，有的人活得像水牛，各有各的抱怨，各有各的無奈；既然改變不了現實的狀態，何妨從心態上去接受它。走不快，就當作是慢活，悠閒的過日子不也很好。不想被鞭打，才要走快，那就走得更快一點，不教鞭子有機會打下。

小時候，總希望時間的腳步走得快一些；到了中年，又希望歲月流逝的速度慢一點；其實，人生的快與慢，向來都是一樣的，倘若我們不能卸下身上的包袱，一定得要揹著走到生命盡頭，那就慢慢的走，拿氣喘的時間來享受和風的吹拂。萬物被造都有它絕妙的地方，試著去領悟其中的道理，蝸牛追不上水牛又如何，至少不會有人想要鞭打牠。

學習跨越四種負面的人生狀態

如果把人生分成四個象限，處在第一個象限時，是「緊張」的狀態；處在第二個象限時，是「麻痺」的狀態；處在第三個象限時，是「激進（或碰壁）」的狀態；處在第四個象限時，是「等死」的狀態。另外，在這四個象限的交界處，有一個極小的中心點，自成一個境界，它的狀態叫做「安樂」。

處在緊張的狀態當中，意味著拿不回自主權，凡事由別人掌控，長期被危險、恐慌的氛圍籠罩，情緒緊繃，充滿壓力。

處在麻痺的狀態當中，代表生活一層不變，今天就知道明天要做什麼，還有後天、大後天、往後的每一天都和昨天過的一模一樣，持續性的平淡無奇和無聊乏味，使生命失去了熱情的光采。

處在激進（或碰壁）的狀態當中，表示對現狀不滿，總在圖謀、算計、挑戰、抗爭，凡事採取激烈、躁進的手段去達到自己的目的。然而，停不下來會出大問題，不懂踩煞車會惹大麻煩，心中不時燃燒著一團火氣，一路跌跌撞撞，衝刺一步碰到牆壁就倒退兩步，腹中永遠藏著一口怨氣。

處在等死的狀態當中，一類是什麼事都不想做，一天混過一天；一類是怎麼做都快樂不起來，或怎麼醫治也醫治不好，活著已經失去意義，乾脆放棄。

有誰的人生是能夠跳脫以上這四種負面狀態，直接走向中心，進入安樂呢？很少，少到跟在沙漠裡找到珍珠一樣的少！因爲，當我們好不容易跳離其中一個象限，掉進的會是另外一個象限，不可能一下子就打開安樂的大門。

所以，我們要學習的，不是積極去尋找進入安樂的門路，而是如何將那四種負面的人生狀態同時對治得當，安樂就會自動在我們的內心浮現。

當你處於緊張的狀態時，不妨找些令你麻木的事情來做，叫心情跟著一同麻痺，也就不會感覺那麼緊張了。

當你處於麻痺的狀態時，儘量製造一些緊張的情況去經歷，或逼自己做一些不曾嚐試過的冒險，叫僵化的心重新活化起來。

當你處於激進（或碰壁）的狀態時，試著說服自己，在沒有把握改革或創新以前，先安於現狀、珍惜旣有，也不失爲是對自己好的一種選擇，得與不得不該列爲首要重點，人生是來慢遊的，不是來跑路的。

當你處於等死的狀態時，像是在述說著你已經一無是處，沒有用了，事實則不然，你仍保有最珍貴的價值尚未顯露，那就是你的人生故事。它可以是很多幅畫作、很多篇文章、很多棵新種的花草樹木、很多次志工服務的紀錄，很多很多的經驗傳承……。這個價值不在於金錢的衡量，乃是對自己的生命作出最後的交待——我曾經活過，而且活得很盡性，沒有留下遺憾。

懂得對治以後，你就不會再被自己所處的負面情狀所侷限，當你看到臭水溝擋在前面，你會捏著鼻子跨過去，而不會站在那裡發呆，更不會放任複雜的情緒將你擊垮。

想過一個有意義的人生，就不該活得像蠶一樣，幼時緊張桑葉不夠吃，只會一直吃一直吃；長大後還是堅持只吃桑葉，吃到麻痺也不願更換；等覺得吃再多也沒意思了，便結繭躲藏起來；蛻變成蛾總要飛了吧，卻又匆忙進行交配，也不吃也不喝，就這麼草草結束了生命。

老愛待在一處，是等不到安樂從天上掉下來的，起來動一動，祕訣就在於跨越來、跨越去的智慧，當你越是活動，心態反而越是穩定時，四種負面的人生狀態就會合而爲一，從此不再被象限的分界阻隔心靈的自由，心自由了，所有的一切就都變得美好了。

邁向財務自由，必須學會的三件事

從出生開始就不缺錢花的人，謂之「好命」；莫名其妙，突然間一夕暴富的人，謂之「好運」；靠著努力打拼，開創事業版圖，厚植財力的人，謂之「好敢」；憑藉獨到眼光和對金融市場的敏銳觀察，透過長期投資與複利加乘，達成財務自由的人，謂之「好神」。

好命不可求，因爲由天不由己；好運亦難求，因爲前世已註定；想要成爲富有的人，在欠缺好命和好運的情況下，就只能憑靠努力打拼的幹勁或是憑藉金融操作的神技。

名作家兼名主持人吳淡如認爲，「富有是一種選擇，而這過程要靠你的堅持。」事實上，選擇來自於欲望，你若是對物質上的富有不存任何欲望，也就沒有選不選擇的問題；既然選擇了，就等於設定了人生的目標，如果從起點到終點的這個過程，不能堅持到底，走不完全程，其實跟停在起點上作夢是差不多的，還不如換個想法過日子，才不會將大好的生命虛擲在白忙一場。只不過，堅持僅僅是到達目標的基本條件，而欲望的本身並不光是堅持就可以求得的；比如說，你投入股票市場，聽信小道消息，買進一支毫無基本面可言的飆股，希望它天天漲停板，卻在買進之後，天天跌停板，怎麼等、怎麼盼，都離你買進的成本價位越來越遠，但又捨不得停損，仍催眠自己不要放棄，乾脆長期持有，不惜與它共度一生，堅持投資下去；結果，公司破產，股票下市，血本無歸。這樣的堅持，只會爲你的人生帶來「艱遲」，意思是在萬般的艱苦中，遲遲看不到豐碩的果實。

吳淡如還提出了一個觀點，她說：「富有是一種可以培養的能力，雖然出身決定起跑點，但是不會影響你富有的可能性。」的確，這世上彷彿有一個定律，天生即富有的人，走得幾乎都是一條通往貧窮的道路，因爲安逸使人怠惰，導致一代不如一代；而天生困苦的人，因爲已經壞無可壞，反倒可以奮力一搏，隨時隨地朝著富有的方向前進；所以說，富有的能力是培養出來的，不是天生的。況且，人類的經濟活動，每隔一段時間就會出現改變，社會文明也會隨著科技發展而呈現不同的面貌，故其能力也必須與時俱進，猶如行船於不同的海域，要懂得利用各種純熟的技術去因應不同洋流的特性。換句話說，不管你出生的背景如何，只要你有心、願意用心，都有機會發現新大陸，成爲財富創始的第一代。

觀點清楚了，再來是對「富有」作出定義，你要的富有，是坐擁龐大的資產，愛怎麼花就怎麼花；還是細水長流的永不匱乏，夠用有餘就可以？由於每個人的消費習性皆不相同，對於生活所需的金額多寡，難有統一的標準，故當物質面出現未達標的狀態時，若能透過精神面的滿足感，驅趕捉襟見肘的窘迫感，從心態上來說，也算是活出了富有的人生。

如果你不是事業做很大或薪水高得嚇人的那一種人，想在經濟上邁向財務自由，你必須先學會三件事：

一是節省；在尚未存下人生的第一桶金前，將非生命必需的東西，一律摒除在生活之外，好比菸、酒、零食、飲料和可有可無的物品等等；還要養成「比價」的習慣，例如，只買一條40元的土司，拒買四片90元的土司，雖然口感不同，吃進肚子裡同樣是澱粉，即便吃不到會令你覺得終身遺憾，也不必急於一時，等賺錢賺飽了，要吃更頂極的都有。

二是儲蓄；扣除生活必要開支，強迫自己將剩餘的收入和節省下來的錢全部存起來，等這筆備用金達到可支應六個月以上的日常開銷時，用錢的膽子就會變大，也會比較敢於跨越保守的圈子，嘗試打開理財的新視野（一直沒錢，當然沒機會理財；一旦有錢，理財的腦筋自然就會動起來）。

三是投資；因爲已經初步具備了比價的經驗，曉得要把錢花於「物超所值」上，故在實際進入投資市場時，馬上就能明白，想用錢去賺錢，冒然的採取投機策略，只會增加虧本的風險，一定是買在商品（例如股票或房地產）的價值被打折或被低估時，然後等它的價值被反應或被高估時賣出的道理，這當中所產生的價差，就是你用錢所「理」出來的利潤。到了這個階段，你收入的來源除了賣力工作之外，又多了一個以錢滾錢的管道，讓你累積財富的速度明顯加快，接著再將每月節餘與額外獲利的部分，透過定期定額或分批買進的方式，持續耐心的投入長期能夠增值或具有複利效果或每年固定高配息的標的，創造被動式收入；當資本隨著時間累加越來越多，使被動式收入達到足以支應你的日常花費時，是不是要繼續工作，就不再是爲了謀生，純粹在於興趣。簡單地說，這就叫做「財務自由」，意味著你已經從爲錢工作的奴隸，搖身一變，成爲叫錢爲你工作的主人了。

不要以爲做到這三件事很簡單，就好像你曾經將市面上所有教導你如何理財致富的書籍都讀過一遍了，到頭來，知識還是原封不動的留在書本裡，你依舊是原來的那個你，多花了買書的錢，卻沒有從中賺到錢，爲什麼呢？因爲你的心態不對，打從一開始你想要找的就只有「報明牌」，誤認翻開書就有黃金掉出來，所以總是亂槍打鳥，胡搞瞎搞，一再地掉入「偸雞不著蝕把米」的糗態，才導致財富離你越來越遠的狀態。

另外還有一個觀念必須轉換，假使你在現有的收入上始終無錢可存，表示你現在的工作報酬是不符合現實需要的，這個時候，你必須做出選擇，暫時轉換到能給付你較高薪資的職業，而不是自己所喜歡的工作；再不就是犧牲休閒時間成爲一名跨職域的「斜槓者」，增加多元收入。唯有先認清現實的殘酷，你才能在夢裡保持清醒，進而給自己壓力，逼自己跨領域學習，早一步改變貧窮的體質。當然，在改變的過程中，不可能一開始就順利，也不可能令你感到愉快，但可以激發你的行動力，訓練你的持續力，慢慢把你推向富有的環境，結識具有正向積極磁場的朋友，並養成不斷超越舊我的習慣。

如果種植一棵果樹，最少要花五年、十年才看得到結果，那麼，想種植一棵會結出富有果實的樹，歲月是你必須付出的人生成本。先不要急著去張羅外在的條件，你最該做的一件事，就是「培土」，把自己的心地培養成一塊可以長出富有果實的好土。

翻轉宿命的不得已

非洲草原上，有一隻斑馬被一頭雄師獵殺，牠在極度的痛苦與恐懼中斷氣後，離體的靈魂挾著一股巨大的怨念，跑去跟上帝告狀說，獅子是如何如何殘忍的殺害牠、吃掉牠。

上帝把那頭獅子叫來，當著斑馬的面，問明原委；但獅子沒有立卽回答，而是偏過頭向斑馬解釋：「老兄啊！我吃掉你是不得已的呀！這全是上帝的主意。祂創造我時，命令我只能吃肉，不能吃草，你說，除了賭上可能被你們一群斑馬踩死、踢死的風險，勉強求得一頓溫飽以外，我還能用什麼其他的辦法存活！你要怨恨的對象應該是上帝，而不是我。」

獅子對斑馬的說詞，道盡了一個生命必須面對的事實——「不得已」。宇宙中是否眞有上帝的存在，無從考證，但「因緣法則」是確實有的；獅子何以出生爲獅？斑馬何以出生爲馬？獅子註定一生要爲獵食涉險，斑馬註定一生要爲保命奔逃；不明白的因，結出不得已的果，表面上看似不公平，但就生態平衡的整體來看，卻又是最公平的安排。

地球上的生物，除了人類，並不具備道德觀念；獅子如果有道德心，牠也可以選擇不吃肉。斑馬如果有善惡心，就會開始分別對錯，針對獅子獵食牠們的這件事，必然生出仇恨。以數量而言，弱勢但體型壯碩的草食性動物，若能團結一致，將怒火化爲殲敵的力量，世上的肉食動物，恐怕早已死傷殆盡。獅子的心中有「惡」嗎？斑馬的心中有「恨」嗎？如果沒有，來世要如何報應？或者，今生所見的果，乃是前世因的了結，妄自對不知始末的現象動念，糾纏的不是肉眼看到了什麼，而是自己的心智被混淆、被攪擾了。

佛爲何說「人身難得」？單以肉身來看，沒什麼了不起；如果不是天生有一個聰明的大腦，人類的身體是最脆弱不堪的。最脆弱的肉體需要最聰明的頭腦作爲保護，生命的造化正是如此的奧妙！好是好在這裡，壞也壞在這裡；人類是這世上唯一懂得分別善惡的生物，而且是以自我的執念去作出分別；於是，同屬上帝兒女的人類，本應團結一致、相親相愛，卻因分別心使然，切割出像獅子一般以及像斑馬一般的不同人群，然後，有人天天獵食，有人天天告狀的苦難場景，就天天上演了。

人類的靈性高，具道德觀念，雖有能力獵殺，也喜歡吃肉，因著慈悲的緣故，自願選擇不殺生、不吃葷，這便是修行。而能夠藉由修行超越宿命中的不得已，也唯有人才做得到，這便是智慧，是「人身難得」的眞正意涵。

生命的層次不同，所面臨的考驗自然也不同；獅子和斑馬的考驗，永遠都脫離不了「殺」與「逃」的生死循環；我們人呢？明明在累劫累世中，好不容易逮到了超越的機會，反倒自甘墮落地向獅子和斑馬學習，難怪要在生死的長河裡，輪迴不斷、苦難不止了。

能殺不去殺，可恨而不恨；能忍直堪忍，應行放膽行。不得已的宿命，雖然今生揮不去，但既然上天賜給了我們翻轉的難得機會，怎能不好好把握？

繼續投入苦厄輪迴？還是跳脫生死流轉？來世的動向，並不是根據過去宿命的不得已去安排，而是由現下人生的一舉一動來決定。

邊無法佛，不可執著

求知時最怕遇到兩種障礙，一是「我執」，二是「法執」。「執」指得是，在根本意識上的堅持到底，一旦認定，打死不改。

有一位阿嬤帶著她的小孫子去佛寺禮佛，來到大殿外，小孫子看到上方掛著一塊牌匾，便好奇的問阿嬤說：「邊無法佛，是什麼佛？」

阿嬤順著小孫子的眼睛看過去，不禁笑彎了腰，她說：「憨孫咧！那四個字寫得是『佛法無邊』，不是『邊無法佛』，你看倒反了啦！」

進到殿中跪拜時，只見小孫子雙手合十地虔誠祈禱說：「邊無法佛啊！請祢保佑阮吔阿嬤身體健康、長壽呷百二。」

阿嬤在一旁聽了，面有慍色的責罵道：「囝仔人有嘴有耳，就跟你講不是邊無法佛，你是聽嘸喔！坐在上面的那個是佛祖，毋湯黑白叫。」

此情此景被一名在大殿裡招呼香客的比丘尼師父看見了，便走近前來向她二人開示說：「佛祖講的法，就親像大海同款，廣闊無邊，所以說『佛法無邊』。反過來講，如果離開了這個佛法大海，跑到外邊去，那裡就沒有法，也沒有佛了，所以說『邊無法佛』。佛叫什麼名並不重要，重要的是佛心。你這個孫兒有夠孝順，而且非常聰明，他說的一點兒都沒有錯，妳不但不應該責罵他，更加要高興才對呀！」

「邊」有著極端、偏頗、疏離、趨邪等意涵，學佛若是執著於「邊見」，是不可能悟得正法的，更別想修成正果，故說「邊無法佛」。學佛的人不能只知佛的名，卻不懂佛的心，盡做一些邊邊角角的表面功夫，那樣是不會對智慧的開啟和生命的提昇帶來任何助益的。我們在世上求知、做人和做事，也是相同的道理。

科學家找來二組學生協助做實驗，在相同的環境與條件下，對各自拿到的萬年青盆栽說話。他們說的話用耳朵聽起來都是「我愛你」，但其中一組學生負責的萬年青，經過一個月後，竟出現了葉片發黃、枝芽枯萎、逐漸凋零的現象。

原來，那一組學生說的我愛你，不是「我愛你」，是「我礙你」，雖然發音相同，傳達的意念卻不同，造成萬年青接收到的磁波是「負向性」而非「正向性」，才使得植栽生長的結果呈現兩極化。

在現實生活中，我們又何嘗不是常將「我礙你」誤聽成「我愛你」，因而受騙，受傷；也常會把「我愛你」錯當作「我礙你」，因此懷恨，埋怨；爲何我們總是無法清楚分辨外來的磁波屬性呢？追根究底，就是我們的心被自己固執的認知給制約了。

就宇宙的本體、生命的整體而言，每一個人都是中心；但如果你習得的知識，只認自己是中心，那就是「偏」，你的障礙就現前了，因爲你已經選擇站在與本體和整體疏離的那一邊。

「邊無法佛」這四個字，超越知識、名相，若是能懂，你的人生就會是一盆綠意盎然的萬年青。

國家圖書館出版品預行編目資料

心態決定狀態：活出美好人生的六十堂課／弱魚先生著. --初版.--臺中市：樹人出版，2024.3
面； 公分.

ISBN 978-626-98148-0-0（平裝）
1.CST: 人生哲學 2.CST: 生活指導
191.9 112021740

心態決定狀態：活出美好人生的六十堂課

作　　者　弱魚先生
校　　對　弱魚先生
發 行 人　張輝潭
出版發行　樹人出版
412台中市大里區科技路1號8樓之2
出版專線：（04）2496-5995　傳真：（04）2496-9901
專案主編　陳逸儒
出版編印　林榮威、陳逸儒、黃麗穎、陳媁婷、李婕、林金郎
設計創意　張禮南、何佳諠
經紀企劃　張輝潭、徐錦淳、林尉儒
經銷推廣　李莉吟、莊博亞、劉育姍、林政泓
行銷宣傳　黃姿虹、沈若瑜
營運管理　曾千熏、羅禎琳
代理經銷　白象文化事業有限公司
401台中市東區和平街228巷44號（經銷部）
購書專線：（04）2220-8589　傳真：（04）2220-8505
印　　刷　基盛印刷工場
初版一刷　2024年3月
定　　價　260元